पतंजलि

अक्षय निधि प्रकाशनमाला

संपादक : श्रीराम तिवारी

स्वराज संस्थान संचालनालय
संस्कृति विभाग, मध्यप्रदेश शासन

पतंजलि

डॉ. भगवतीलाल राजपुरोहित

राजकमल प्रकाशन

ISBN : 978-81-267-2399-7

मूल्य : ₹199

पहला संस्करण : 2013
This book is printed on **Print on Demand** Technology : 2024

प्रकाशक : राजकमल प्रकाशन प्रा.लि.
1-बी, नेताजी सुभाष मार्ग, दरियागंज
नई दिल्ली-110 002

शाखाएँ : अशोक राजपथ, साइंस कॉलेज के सामने, पटना-800 006
पहली मंजिल, दरबारी बिल्डिंग, महात्मा गांधी मार्ग, प्रयागराज-211 001
1, अनमोल सोराबजी संतुक लेन, धोबी तलाव, मरीन लाइंस, मुम्बई-400 002

वेबसाइट : www.rajkamalprakashan.com
ई-मेल : info@rajkamalprakashan.com

PTANJALI
by Dr. Bhagwatilal Rajpurohit

अनुक्रम

पतंजलि

भारतीय प्राचीन विभूतियों में महर्षि पतंजलि का नाम अग्रणी है। शंकराचार्य का तो भाष्य कहलाता है, परन्तु पतंजलि का महाभाष्य कहलाता है। व्याकरण में पाणिनि की अष्टाध्यायी के महाभाष्य ने संस्कृत भाषा को संजीवनी प्रदान की। यह अपने समकालीन भारतीय समाज का विश्वकोष है। इसी प्रकार उनके योगसूत्र ने व्यावहारिक योग को दर्शन का स्तर प्रदान कर दिया। इन दोनों ग्रन्थों की विद्वानों में इतनी अधिक लोकप्रियता और धाक है कि पतंजलि का नाम प्रामाणिकता का पर्याय बन गया।

महर्षि पतंजलि की जीवन-कथा के बिखरे हुए कई रूप हैं। तंजोर के करण्डमाणिक्य ग्राम में जन्मे रामभद्र दीक्षित ने 18वीं शती में पतंजलिचरित महाकाव्य की रचना की थी। तंजोर के शाहजी ने इनका राजसभा में सत्कार किया था। 1793 में इन्हें शाहजी राजपुरम् ग्राम दान में इनसे ही प्राप्त हुआ था। आठ सर्ग के पतंजलिचरित महाकाव्य में बताया गया कि भगवान् विष्णु की कृपा से शिवताण्डव देखने के इच्छुक शेष पतंजलि के रूप में पृथ्वी पर माता गोणिका के गर्भ से उत्पन्न होते हैं। तपस्या के बाद चिदम्बर में नाट्यदर्शन करके व्याघ्रपाद से मित्रता करते हैं। पर्दे के पीछे छिपकर अपने हजार फणों से हजारों शिष्यों को वे व्याकरण महाभाष्य पढ़ाते हैं। यवनिका के भीतर झाँक लेने से वे सब शिष्य भस्म हो जाते हैं। उस समय वे हजारों फण वाले शेष के रूप में थे। जब वे क्रोध में थे तभी बाहर से एक शिष्य आकर यह सब देखकर डर गया। तब पतंजलि ने उसे भी दोषी बताया क्योंकि पाठ के अन्त में शान्तिपाठ किए बिना ही वह बाहर चला गया था। राक्षस होने का शाप दिया। शाप से मुक्ति का मार्ग यह होगा कि जहाँ वह रहे वहाँ जो भी आए उससे तुम्हें पूछना है कि 'पचेर्निष्ठायाँ' का क्या रूप है? अर्थात् पच् धातु में भूतकाल का 'क्त' प्रत्यय लगने पर क्या शब्द बनता है? जो पक्व उत्तर दे उसे मेरा महाभाष्य पढ़ाना। उससे शापमुक्ति होगी। मेरे आशीर्वाद से मेरा यह महाभाष्य तुझे पूरा स्फुरित हो जाएगा। ऐसा वरदान देकर पतंजलि अन्तर्हित हो गए। यह उल्लेखनीय है कि इन आदिशेष पतंजलि का परमार्थसार ग्रन्थ प्रकाशित है। इनका योगसूत्र भी प्रसिद्ध है। कहते हैं कि उन्होंने वैद्यक पर भी ग्रन्थ रचा था। चरक ग्रन्थ का इन्हें रचयिता या संशोधक बताया जाता है। पतंजलिविरचित निदानसूत्र सामवेद की कौथुम शाखा का ग्रन्थ है।

गोनर्द देश में गोनर्द नदी के तट पर ही माता गोणिका का परलोक गमन हुआ। पतंजलि भी तब वहीं साधना करते रहे।

पतंजलि का शिष्य ब्रह्मराक्षस भी मार्गवर्ती एक वटवृक्ष पर चढ़कर गुरुजी द्वारा बताए तरीके से 'पचेः क्त' का क्या रूप होगा— यह पथिकों से पूछता रहा और उत्तर मिलता पक्त। उन सबको वह खाता रहा। बहुत समय बाद एक पथिक के पक्व उत्तर से वह प्रसन्न हुआ और अपना मोक्षसमय निकट जानकर उस वृक्ष से उतरकर उसने उससे परिचय पूछा। पथिक ने बताया— मैं चन्द्रगुप्त नाम ब्राह्मण हूँ। उज्जयिनी से आपसे महाभाष्य पढ़ने के लिए ही आया हूँ। तब ब्रह्मराक्षस ने दो मास तक बिना खाए-पीए बिना विश्राम के पवित्रतापूर्वक संपूर्ण महाभाष्य पढ़ा दिया। चन्द्रगुप्त ने भी उससे पढ़कर पूरा महाभाष्य अपने नखाग्र से वट के कोमल पत्तों पर लिख लिया। तब ब्रह्मराक्षस ने भी अपना विकृत रूप त्यागकर दिव्य रूप ग्रहण कर लिया और पृथ्वी पर इस ग्रन्थ का प्रचार करो— यह आदेश देकर दिवंगत हो गया। वह शिष्य चन्द्रगुप्त वटपत्रों पर लिखित उस भाष्य को कपड़े में बाँधकर उज्जयिनी की ओर प्रस्थान कर गया। मार्ग में तेज गर्मी और प्यास से थका वह किसी नदी के किनारे वृक्ष के नीचे उस पुस्तक भार को उतारकर पानी पीकर उस पोटली का ही तकिया बनाकर सो गया। तब तक किसी बछड़े ने सूँघने-खाने की इच्छा से उस पोटली से कुछ पत्ते मुख से खींच लिये। तब चन्द्रगुप्त ने जागते ही हो-हल्लाकर के उसके मुख से जितने खींचकर बचा सका उतने पत्ते बचा लिए। यह भी कहा जाता है कि ये पत्ते बकरा खा गया था। ब्राह्मण इस घटना से दुःखी होकर नदी किनारे भूखा-प्यासा बैठा रहा। तब किसी शूद्र कन्या ने आकर उसे प्रणाम किया और अपने हाथ का नवनीत पात्र देते हुए कहा—आप थके से लग रहे हैं, नवनीत खाइए। तब सविनय हाथ जोड़कर उसने कहा— हे विद्वान महानुभाव, पिछले दिनों से कभी-कभी इधर आते तपस्वियों की यथाशक्ति फल आदि से मैं सेवा करती रही हूँ। उन्होंने कहा था— हे कुमारि, कोई युवक पतंजलि शिष्य ब्रह्मराक्षस से पूरा महाभाष्य पढ़कर जगत् में अपने महाभाष्य के प्रचार के लिए अन्य शरीर धारण कर साक्षात् पतंजलि ही आएगा। प्रणाम कर उसकी सेवा करना। तब वह प्रसन्न होकर तुझसे विवाह करेगा। तब से उसका ही ध्यान करती हुई उसके आगमन की प्रतीक्षा करती हुई अब अमित तेजस्वी होने से आपको ही मैं वह युवक मान रही हूँ। तब द्विज ने समाधि दृष्टि से वह सब कुछ जान-समझकर वह नवनीत खाकर उसका इशारा समझकर बोला कि वर्णक्रम से तीन भार्याएँ ग्रहण करने पर तुझसे विवाह करूँगा। तब वह उसके घर गया। उस लड़की की माता ने स्वयं ही उसे लड़की सौंप दी तो उसके साथ उज्जयिनी पहुँचकर तीन वर्ण की लड़कियों से विवाह के बाद इससे भी विवाह कर लिया। गृहस्थ धर्म का पालन करते हुए उस अजभक्षित वटपत्र पर लिखे महाभाष्य ग्रन्थ को गुरूपदेश का स्मरण करके यथामति पूरा करता रहा। जहाँ पूरा नहीं हो पाया वहाँ ग्रन्थपात सूचक कुण्डल (सिफर) बना दिए। इस बात को श्रीहर्ष ने अपने महाकाव्य नैषधचरित (2/95) में भी रेखांकित किया है—

फणिभाषितभाष्यफक्किका विषमा कुण्डलनामवार्पिता।

कुछ लोगों का कहना है कि कुण्डल बनाकर उसके बीच लिख दिया था—अजभक्ष। उस भाष्य का वह पाठ और प्रवचन देता रहा। उन चारों वर्णों की उसकी स्त्रियों को क्रमशः चार पुत्र हुए—ब्राह्मणी का वररुचि, क्षत्रिया का विक्रमादित्य, वैश्या का भट्टि और शूद्रा का भर्तृहरि। चौथा भर्तृहरि महाभाष्य पढ़ना चाहता था। पर पिता चन्द्रगुप्त के तीनों शिष्य पुत्रों के द्वारा अनधिकारी होने से मना करने पर पिता के पास पहुँच कर बोला कि पृथ्वी के भीतर गुफा बनाकर निश्चिन्त होकर मुझे महाभाष्य पढ़ा दें। इससे किसी को मालूम भी नहीं पड़ेगा। पिता ने कहा कि तुम अधिकारी नहीं हो। भर्तृहरि ने भी इसके लिए वैराग्य ग्रहण किया। तब उसे महाभाष्य पढ़ाया। तब चन्द्रगुप्त विरक्त होकर शुकशिष्य गौड़-पादाचार्य की कृपा से चतुर्थ परमहंस आश्रम स्वीकार कर काशीक्षेत्र में गँगातीर पर कुछ दिन बिताकर गंगा और विश्वनाथ की सेवा करके अन्य योगियों के साथ बदरिकाश्रम पहुँचकर समस्त लोकचरित भूलते हुए श्रीगोविन्दभगवत्पाद नाम से प्रसिद्ध हुए।

कालवश अध्ययन-अध्यापन के प्रचार में विघ्न आने पर दक्षिण भारत में ही पाणिनि व्याकरण, कात्यायन वार्तिक, महाभाष्य आदि ग्रन्थ बचे रहे। तब चित्रकूट में रहने वाले किसी नारायण नामक विद्वान ने महाभाष्य लिखकर उसकी रक्षा की। तब किसी ने वह पुस्तक लाकर वसुरात आदि को दी। इन्होंने ही विक्रमादित्य के बड़े भाई भर्तृहरि और अन्यों को बहुत से शास्त्र पढ़ाए और इस प्रकार इस महाभाष्य के अध्ययन की जीर्ण परंपरा का पुनरुद्धार किया।

तब भर्तृहरि ने अपने पिता चन्द्रगुप्त द्विज द्वारा लिखित अजभक्षित से बचे वटपत्र पर लिखे महाभाष्य में पूर्वापरता का विचार कर त्रुटित स्थानों को समझ-समझकर अन्य पत्रों पर उन्हें लिखकर, समेटकर उस जीर्ण महाभाष्य का उद्धार किया। तब सवा लाख कारिकाओं से महाभाष्यकार के तात्पर्य को स्पष्ट करने वाले वाक्यपदीय नामक त्रिकाण्डात्मक महाभाष्य-व्याख्यान बनाया। अभिमान से तब भर्तृहरि ने कहा—महाभाष्य अद्वितीय है तो हम भी अद्वितीय हैं। मुझे देखे बिना ही पतंजलि स्वर्ग चले गए। अतः वे अकृतार्थ हैं।

अहो भाष्यमहोभाष्यमहो वयमहो वयम्।
मामदृष्ट्वा गतस्स्वर्गमकृतार्थः पतञ्जलिः।।

गुरु के प्रति अनादर की दुरुक्ति न सहते हुए उस समय के विद्वानों ने इस ग्रन्थ को अध्ययन-अध्यापन की धारा से हटा दिया। अतः अब तक वह दुर्लभ रहा। अब वह वाक्यपदीय प्रकाशित है। इस प्रकार चन्द्रगुप्त के उन चारों पुत्रों के कारण उज्जयिनी में कृत या सत्ययुग जैसा वातावरण हो गया।

कुछ लोगों का यह भी कहना है कि विलुप्त महाभाष्य को शंकराचार्य देशिक भगवत्पाद ने पाताल में प्रवेश कर आदिशेष के मुख से पढ़कर पृथ्वी पर आकर भर्तृहरि आदि विद्वानों को योगशास्त्र सहित महाभाष्य पढ़ाया। शङ्करविजय में कहा गया है—

उरगपतिमुखादधीत्य साक्षात्स्वयमवनेर्विवरं प्रविश्य येन।
प्रकटितमचलातले सयोगं जगदुपकारपरेण शब्दभाष्यम्।।

पतंजलिचरित और आत्मबोधकृत गौडपादोल्लास के अनुसार पं. गोपीनाथ का भी कहना है कि पूर्वाश्रम में गौड़पाद महाभाष्यकार पतंजलि के शिष्य थे। इन्होंने चन्द्र को पढ़ाया और संन्यास के बाद चन्द्र ही गोविन्द हुए जिनके शिष्य शंकराचार्य थे।[1]

अन्य पारम्परिक कथा के अनुसार गोनर्द क्षेत्र की गोनर्द नदी में स्नान कर सूर्यार्घ्य देते ऋषि की अंजलि में प्रकट होने के कारण पतंजलि नाम हुआ। अंजलेः पतन्निति पतञ्जलिः। दूसरी कथा में स्नान कर अर्घ्य देती गोणिका को प्राप्त हुए। गोणिका ने पूछा— तू कौन है? उसने कहा-सपोहं। रेफ कहाँ गया, पूछने पर कहा— आपने ले लिया।

बृहदारण्यकोपनिषत् (3।7।1) के अनुसार काप्य पतंजल के घरों में यज्ञ के विद्यार्थी थे। उसकी भार्या को गन्धर्व लग गया। हमने पूछा— तू कौन है? वह बोला— कबन्ध आथर्वण।

अष्टाध्यायी, (2/4/69) के उपकादिगण में पतंजल, पदंजल आदि शब्द हैं। श्रीमद्भागवत (5।15।94) के अनुसार रोमश च्यवन, दत्त, आसुरि, पतंजलि सहित और अन्य सिद्धेश ज्ञान के लिए घूमते रहते हैं—

रोमशश्च्यवनो दत्त आसुरिः पतञ्जलिः।
एते परे च सिद्धेशाश्चरन्ति ज्ञानहेतवः।।

राजतरंगिणी (1।176) के अनुसार चन्द्राचार्य से आदेश पाकर महाभाष्य का प्रवर्तन किया और अपना व्याकरण बनाया।

चन्द्राचार्यादिभिर्लब्ध्वादेशं तस्मात्तदागमम्।
प्रवर्तितं महाभाष्यं स्वं च व्याकरणं कृतम्।।

इसकी पुष्टि भर्तृहरि के वाक्यपदीय (2।478-484) से भी होती है। संक्षेप में थोड़ी विद्या से सन्तुष्ट होने वाले वैयाकरणों के कारण व्याडि का संग्रह जैसा विशाल ग्रन्थ डूब गया। तब तीर्थदर्शी गुरु पतंजलि ने समस्त न्यायबीजों को महाभाष्य में निबद्ध कर लिया। धीरे-धीरे पतञ्जलि के शिष्यों ने व्याकरण आगम को भ्रष्ट कर खो दिया। दक्षिण के विद्वानों में वह केवल ग्रन्थ रूप में व्यवस्थित था। उस आगम को पर्वत से प्राप्त कर भाष्य के बीज का अनुसरण करने वाले चन्द्राचार्य आदि ने अनेक मार्ग (या शाखा) का बना दिया। उन न्याय प्रस्थान के मार्गों और अपने दर्शन का अभ्यास करके वाक्यपदीयकार भर्तृहरि के गुरु वसुरात ने यह संग्रह बनाया।

प्रायेण संक्षेपरुचीनल्पविद्यापरिग्रहान्।
संप्राप्य वैयाकरणान् संग्रहेऽस्तमुपागते।।
कृतेऽथ पतञ्जलिना गुरुणा तीर्थदर्शिना।

1. संस्कृत वाङ्मय का बृहत् इतिहास, (वेदांत) पृष्ठ, 12

सर्वेषां न्यायबीजानां महाभाष्ये निबन्धने।।
अलब्धगाधे गाम्भीर्यादुत्तान इव सौष्ठवात्।
तस्मिन्नकृतबुद्धीनां नैवावस्थितनिश्चयः।।
बैजिसौभवहर्यक्षैः शुष्कतर्कानुसारिभिः।
आर्षे विप्लाविते ग्रन्थे संग्रहप्रतिकञ्चुके।।
यः पतञ्जलिशिष्येभ्यो भ्रष्टो व्याकरणागमः।
काले स दाक्षिणात्येषु ग्रन्थमात्रे व्यवस्थितः।।
पर्वतादागमं लब्ध्वा भाष्यबीजानुसारिभिः।
स नीतो बहुमार्गत्वं चन्द्राचार्यादिभिः पुनः।।
न्यायप्रस्थानमार्गांस्तानभ्यस्य स्वं च दर्शनम्।
प्रणीतो गुरुणास्माकमयमागमसंग्रहः।।

वाक्यपदीय, 2।478-484

अर्थात् हमारे गुरु वसुरात के अतिरिक्त अन्य कोई भी इस भाष्य सागर में अवगाहन में समर्थ नहीं है।

न तेनास्मद्गुरोस्तत्रभवतो वसुरातादन्यः कश्चिदिमं भाष्यार्णवमवगाहितुमलमित्युक्तं भवति। पुण्यराज की टीका 480 पर।

महाभाष्य को पढ़ना-समझना सरल नहीं है। इसीलिए तो वैयाकरणों में यह उक्ति प्रसिद्ध हो गयी कि महाभाष्य का पढ़ना किसी साम्राज्य पर शासन करने से कम नहीं है। कहा जाता है कि सूत्रकार जो नहीं देख पाए या भूल गए उसे वाक्यकार ने कहा। वह भी जो नहीं देख पाया वह भाष्यकार ने कह दिया।

यद्विस्मृतमदृष्टं वा सूत्रकारेण तत्स्फुटम्।
वाक्यकारो ब्रवीत्येव तेनादृष्टं च भाष्यकृत्।।

ऊपर जिस चित्रकूट पर्वत से महाभाष्य प्राप्त करने की बात कही गयी है उस ओर ही भर्तृहरि ने 'पर्वतादागमं लब्ध्वा' लिखकर संकेत कर दिया है।

इस महाभाष्य की सर्वप्राचीन और सर्वप्रामाणिक दीपिका टीका भर्तृहरि-विरचित है जो अभी आंशिक ही प्रकाशित है। इस टीका के सहारे कैयट ने प्रदीप और नागेश की प्रदीपोद्योत टीकाएँ रचीं जो सर्वलोकप्रिय हैं। इनके अतिरिक्त भी कम से कम बीस टीकाएँ और भी ज्ञात हैं।

पतंजलि शेषनाग के अवतार माने जाते रहे। इसीलिए उनका यह महाभाष्य फणिभाष्य के रूप में विशेष प्रसिद्ध है। पतंजलि को नागनाथ, अहिपति, फणी, फणभृत, शेष, शेषराज, शेषाहि, चूर्णिकार, पदकार, गोनर्दीय, गोणिकापुत्र इत्यादि नामों से उद्धृत किया गया है। योगसूत्र के सर्वप्राचीन व्यासभाष्य में भी पतंजलि को शेष कहा गया है।

देवोऽहीशः स वोऽव्यात्सितविमलतनुर्योगदो रोगमुक्तः।

पतंजलि की शेषाकृति प्रतिमा चिदम्बरं में बनी हुई है। उनके रूप के विषय में कहा गया है कि उनका लाल रंग का सुतेजस्वी सर्पमुख हो, कानों में कुण्डल हो और एक हाथ में अक्षसूत्र तथा दूसरे हाथ में पताका हो।

पातञ्जलाभिधं रक्तं सर्पवक्त्रं सुतेजसम्।
अक्षसूत्रं पताकाञ्च दधतं कुण्डलान्वितम्।।

वाराणसी में नागपंचमी के दिन नागपूजा के रूप में पतंजलि की पूजा करते हैं। बच्चे नागचित्र लेकर गाते हैं—

बड़े गुरु का नाग लो, भाई, बड़े गुरु का नाग लो।
छोटे गुरु का नाग लो, भाई, छोटे गुरु का नाग लो।।

जो पैसे मिलते हैं उनसे नाग की पूजा करते हैं। परंपरा के अनुसार बड़े गुरु पतंजलि हैं और छोटे गुरु नागेश हैं। इस उत्सव का केन्द्र रहता है वाराणसी का नागकुँआ। नागपंचमी के दिन वहाँ पतंजलि महोत्सव का आयोजन होता है जहाँ संस्कृत के अनेक विद्वान मिलकर शास्त्रार्थ करते हैं। यह मान्यता भी वहाँ प्रचलित है कि इसी कुएँ में शेषावतार के रूप में पतंजलि ने जन्म लिया था।

इन्हीं अहिपति पतंजलि के रचे योगसूत्र, चरकसंहिता का संस्कार, परमार्थसार आदि ग्रन्थ बताए जाते हैं। परमार्थसार का रचयिता तो आदिशेष ही बताए जाते हैं। चरक के टीकाकार चक्रपाणिदत्त ने महाभाष्यकार और चरक के संस्कारकर्त्ता को एक ही अहिपति बताया है—

पातञ्जलमहाभाष्यचरकप्रतिसंस्कृतैः।
मनोवाक्कायदोषाणां हर्त्रेऽहिपतये नमः।।

भावमिश्र ने भावप्रकाश (अध्याय एक) में चरक और पतंजलि को अभिन्न बताया।

यदि मत्स्यावतारेण हरिणा वेद उद्धृतः।
तदा शेषश्च तत्रैव वेदं सांगमवाप्तवान्।।
अथर्वोन्तिर्गतं सम्यगायुर्वेदश्च लब्धवान्।
यतश्चर इवायातो न ज्ञातः केनचिद् यतः।
तस्माच्चरकनाम्नासौ विख्यातः क्षितिमण्डले।।

महर्षि पतंजलि ने व्याकरण, योग और चिकित्सा के क्षेत्र में आकर ग्रन्थों की रचना की थी। भर्तृहरि ने अपने वाक्यपदीय (1।138) में यह स्पष्ट ही कहा है—

काय-वाग्बुद्धिविषया ये मलाः समास्थिताः।
चिकित्सालक्षणाध्यात्मशास्त्रैस्तेषां विशुद्धयः।।

काया, वाणी, बुद्धि सम्बन्धी चिकित्सा लक्षण और अध्यात्मशास्त्र पर भी उनके ग्रन्थ रहे। इसे उनके 5वीं या 8वीं शती के टीकाकार वृषभदेव (पृ. 228) ने भी स्पष्ट कर दिया है–

रागाद्युपघातहेतुभूतं वैराग्यादि तस्य ये उपायास्तेषां
लक्षणभूतान्यध्यात्मशास्त्राणि पातञ्जलादीनि।

यह अध्यात्मशास्त्र संकेत है परमार्थसार की ओर भी। उसी अहीश ने योगसूत्र की रचना की यह स्पष्ट संकेत है व्यासभाष्य का–

देवोऽहीशः स वोऽव्यात्सितविमलतनुर्योगदो योगमुक्तः।

वाचस्पति मिश्र स्पष्ट करते हैं कि पतंजलि योग की बात करते हैं, तापों का निदान बताते हैं। निदान योग में, निदान आयुर्वेद में और निदानसूत्र भी तो है पतंजलि का।

राजा भोज स्पष्ट ही शेषावतार पतंजलि की विविध विषयक रचनाओं का संकेत एक साथ कर देते हैं– भर्तृहरि की पूर्वोक्त परम्परा में। व्याकरण, योग, आयुर्वेद– सब एक साथ। वहाँ भी पहले तो उस परमार्थसार की ओर भी संकेत प्रतीत होता है–

जयन्ति वाचः फणिभर्तुरान्तर–
स्फुरत्तमस्तोमनिशाकरत्विषः।
विभाव्यमानाः सततं मनांसि याः
सतां सदानन्दमयानि कुर्वते।।
शब्दानामनुशासनं विदधता पातञ्जले कुर्वता
वृत्तिं राजमृगांकसंज्ञकमपि व्यातन्वता वैद्यके।
वाक्चेतोवपुषां मलः फणिभृतां भर्त्रेव येनोद्धृत–
स्तस्य श्रीरणरङ्गमल्लनृपतेर्वाचो जयन्त्युज्ज्वलाः।।

ग्रन्थ के अन्त में फिर कहते हैं–

स श्रीभोजपतिः फणाधिपतिकृत्सूत्रेषु वृत्तिं व्यधात्।

रामभद्र दीक्षित ने पतंजलिचरित (सर्ग 5) में योगशास्त्र और वैद्यक का कर्त्ता एक ही बताया–

सूत्राणि योगशास्त्रे वैद्यकशास्त्रे च संहितामतुलाम्।।
कृत्वा पतञ्जलिमुनिः प्रचारयामास जगदिदं त्रातुम्।।

विज्ञानभिक्षु ने भी उसी भाव को ग्रथित करके पतंजलि-प्रणयन का सर्वप्रथित श्लोक बना दिया–

योगेन चित्तस्य पदेन वाचां
मलं शरीरस्य च वैद्यकेन।
योऽपाकरोत्तं प्रवरं मुनीनां
पतंजलिं प्रांजलिरानतोऽस्मि।।

भोजकृत श्लोक का पूरा भाव समेट लिया गया है इसमें। यहाँ पतंजलि को मुनि कहा गया है भोज के ही अनुरूप–

पतञ्जलिमुनेरुक्तिः काऽप्यपूर्वा जयत्यसौ।
पुंस्प्रकृत्योर्वियोगोऽपि योग इत्युदितो यथा।।

इसी प्रकार कात्यायन की सर्वानुक्रमणी की टीका में सद्गुरुशिष्य (1187 ई.) महाभाष्य, योगशास्त्र और निदान के कर्त्ता पतंजलि को तो साक्षात् भगवान् ही बता रहे हैं–

यत्प्रणीतानि वाक्यानि भगवांस्तु पतञ्जलिः।
व्याख्यच्छान्तनवीयेन महाभाष्येन हर्षितः।
योगाचार्यः स्वयं कर्ता योगशास्त्रनिदानयोः।।

यह उल्लेखनीय है कि महर्षि पतंजलि के ये उपर्युक्त सभी ग्रन्थ प्रकाशित हैं– महाभाष्य, योगसूत्र, निदानसूत्र, परमार्थसार। चरकसंहिता तो आयुर्वेद का महनीय ग्रह है ही। यह भी बताया जाता है कि इन्होंने चरकसंहिता पर परिहारवार्तिक नाम की टीका लिखी थी। इसका उल्लेख आषाढ़ वर्मा और आचार्य रामचन्द्र दीक्षित ने अपने ग्रन्थों में किया है। इसे पातञ्जल वार्तिक भी कहते थे। यह भी कहा जाता है कि लन्दन की इण्डिया ऑफिस लायब्रेरी में पतंजलि आयुर्वेदकृति–

वातस्कन्धपैत्तस्कन्धोपेत 'सिद्धान्त सारावली' की पाण्डुलिपि विद्यमान है।[1]

योग में अष्टांग है और आयुर्वेद भी अष्टांग है– पतंजलि ने दोनों का शास्त्रीय रूप प्रस्तुत किया।

शक्तिसंगम तंत्र (2।1।15-21) में पातंजलतंत्र का उल्लेख हुआ है। वहाँ तन्त्र के विभिन्न डामर, यामल, अर्णव आदि के साथ पातंजलतंत्र का उल्लेख विशेष अवधान के योग्य हैं। हम नहीं कह सकते कि यह परमार्थसार ही है या स्वतंत्र ग्रन्थ है जो अद्यावधि अज्ञात है।

गोणिका पतंजलि की माता थी। अतः गोणिकापुत्र पतंजलि है। गोणिकापुत्र के पारदारिक का और उनके सूत्रों तथा अभिमतों के उल्लेख वात्स्यायन के कामसूत्र (1।5।4, 1।5।31, 5।1।8, 5।4।34, 5।4।43 तथा 1।1।12) में हुए हैं। गोणिकापुत्र

1. संस्कृत शास्त्रों का इतिहास, पं. बलदेव उपाध्याय, पृष्ठ 11, पतंजलि प्रभा, 2003, पृष्ठ 29 और 130

का अभिमत महाभाष्य में भी (1।4।52) प्रकट हुआ है। नागोजिभट्ट ने उसे भाष्यकार ही कहा है।

इसी प्रकार कैयट (1।2।29) ने गोनर्दीय को भी भाष्यकार से अभिन्न माना है। गोनर्दीय के अभिमत महाभाष्य में प्रकट किए गए हैं—इष्टमेवेतद् गोनर्दीयस्य। इस वाक्य को वाक्यपदीय प्रथम काण्ड (पृष्ठ 100-109) में भी उद्धृत किया गया है। गोनर्दीय अर्थात् गोनर्द का निवासी। गोनर्दीय के भार्याधिकारिक का उल्लेख कामसूत्र (1।1।12) में हुआ है और उसके अभिमतों तथा सूत्र भी वहाँ कई बार (1।5।25, 4।1।4, 4।1।21, 4।2।28, 4।2।34) उद्धृत किए गए हैं। मल्लिनाथ गोनर्दीय के अभिमत रघुवंश (19।16) की टीका में कम से कम तीन बार प्रस्तुत करता है।

इससे स्पष्ट है कि गोणिकापुत्र का पारदारिक तथा गोनर्दीय के भार्याधिकारिक महर्षि पतंजलि के ही ग्रन्थ रहे जो आज सुलभ नहीं हैं।

समुद्रगुप्त के कृष्णचरित में पतंजलि का उल्लेख सादर हुआ है।[1] मुनिकवियों में पतंजलि का स्मरण करते हुए बताया गया है कि उन्होंने व्याकरण भाष्य रचकर वचनशोधन किया, धर्मानुसार चरक तैयार किया, योगदर्शन रचा और महानन्द काव्य भी रचा जिसमें योग का व्याख्यान है। अपनी इन विभिन्न उदात्त कृतियों के कारण मुनिवर पतंजलि धरा पर अमर हो गए—

विद्ययोद्रिक्तगुणया भूमावमरतां गतः।
पतञ्जलिर्मुनिवरो नमस्यो विदुषां सदा।।
कृतं येन व्याकरणभाष्यं वचनशोधनम्।
धर्मावियुक्ताश्चरके योगा रोषमुषः कृताः।।
महानन्दमयं काव्यं योगदर्शनमद्भुतम्।
योगव्याख्यानभूतं तद्रचितं चित्तदोषहम्।। 19-21

महर्षि पतंजलि की विभिन्न ऐसी कई रचनाओं के उल्लेख मिलते हैं, जिन स्थिति या उपलब्धि के विषय में कोई प्रामाणिक जानकारी नहीं है। ऐसे ग्रन्थों में पूर्वोक्त महानन्द काव्य, पारदारिक, भार्याधिकारिक आदि तो हैं ही साथ ही शब्दकोश, सांख्यशास्त्र, रसशास्त्र, लोहशास्त्र आदि भी बताए जाते हैं। यह भी कहा जाता है कि उनका एक पातंजल तंत्र ग्रन्थ भी रहा। सम्भव है भविष्य में ये ग्रन्थ में कहीं से प्राप्त हो जाएँ और यह भी सम्भव है कि इनके अतिरिक्त अन्य ग्रन्थ भी सुलभ हो जाएँ।

अब पतंजलि के नाम से उपलब्ध ग्रन्थों का संक्षेप में परिचय पा लेना उचित होगा। ऐसे ग्रन्थों में सर्वप्रसिद्ध है—महाभाष्य। पाणिनि की व्याकरण सम्बन्धी सर्वप्रसिद्ध अष्टाध्यायी को इस विस्तृत भाष्य में सरल और व्यावहारिक उदाहरणों

---

1. संस्कृत वाङ्मय का बृहद् इतिहास, (तंत्रागम) पृष्ठ 42

द्वारा शिक्षक की लोकप्रिय शैली में स्पष्ट किया गया है। इसमें कात्यायन वररुचि के वार्तिकों को भी यथासम्भव समेट लिया गया है। सूत्रों तथा उनके पूरक वार्तिकों का इसमें सम्यक् परीक्षण भी किया गया है और उन्हें भावी विद्वानों के लिए स्पष्ट कर दिया गया है।

महाभाष्य में 86 आह्निक अर्थात् दैनिक पाठ हैं। पतंजलि ने इनमें पाणिनि के प्रायः चार हजार (3981, 3983 या 3995) सूत्रों में से 1689 सूत्रों पर भाष्य लिखा। इनमें कात्यायन या अन्य आचार्यों के वार्तिकों तथा अभिमतों की भी समीक्षा की गयी है। उन्होंने चार सौ ऐसे सूत्रों पर भाष्य लिखा जिन पर वार्तिक उपलब्ध नहीं है। पाणिनि की अष्टाध्यायी में आठ अध्याय हैं। प्रत्येक अध्याय के चार पाद हैं। इसमें संज्ञा, परिभाषा, स्वर-व्यंजन के प्रकार, धातुसिद्ध क्रियापद, कारक, विभक्ति, समास, कृदन्त, सुबन्त, तद्धित, आगम, आदेश, स्वरविचार, द्वित्व और सन्धि विषयों पर चर्चा की गयी है। महाभाष्य में पाणिनि की उस धारा का स्वभावतः अनुकरण किया गया है। पतंजलि ने अपने समय सुलभ व्याकरण के प्रचुर साहित्य का समावेश अपने महाभाष्य में कर लिया है। उसमें प्रसंगतः अन्य भी विभिन्न विषयों का समावेश हो गया है। अतः वह अपने समय की प्रायः समस्त विद्याओं का आकर ग्रन्थ बन गया। इस बात को भर्तृहरि ने रेखांकित किया है—

कृतेऽथ पतञ्जलिगुरुणा तीर्थदर्शिना।
सर्वेषां न्यायबीजानां महाभाष्ये निबन्धने।। वाक्यपदीय, 2।486

महाभाष्य पर कई टीकाएँ लिखी गयीं। आज उनमें से 23 टीकाएँ ज्ञात हैं। उन टीकाओं में सर्वप्रसिद्ध तीन व्याख्याएँ हैं—भर्तृहरि की महाभाष्यदीपिका, कैयट की महाभाष्य प्रदीप और नागेश की प्रदीपोद्योत।

महाभाष्य विशालकाय ग्रन्थ है। उसका प्रथम पशपशाह्निक है। उसमें पतंजलि ने शब्दानुशासन की आवश्यकता पर विस्तार से विवेचन किया है। साथ ही व्याकरण पढ़ने के प्रयोजनों की भी उन्होंने समर्थ कारणों तथा उदाहरणों से पुष्टि की है। इस पुस्तक में महाभाष्य के संस्कृत व्याकरण सम्बन्धी तकनीकी गहन विषय की इस भूमिका को ही संकलित किया गया है जिससे संस्कृत व्याकरण पढ़ने की उपयोगिता रेखांकित हो सके।

महाभाष्य अपने युग का विश्वकोश होने पर भी उसमें व्याकरण दर्शन की भूमिका तैयार हो जाती है। इससे पूर्व व्याडि आदि ने वह सब विस्तार से प्रस्तुत कर ही दिया था। पतंजलि ने अपने से पूर्ववर्ती वैयाकरणों के विचारों का आलोड़न करके जो व्याकरण दर्शन की पीठिका तैयार कर दी उसी आधार पर भर्तृहरि ने बाद में अपना कालजयी ग्रन्थ वाक्यपदीय तैयार किया। वाक्यपदीय व्याकरण दर्शन को जिस सामर्थ्य से प्रस्तुत कर विचार का नया मार्ग खोलता है उससे तो पूरी परवर्ती भारतीय वैचारिक धारा ही प्रभावित होती रही।

भर्तृहरि पतंजलि के सच्चे अनुयायी थे। उन्होंने महाभाष्यदीपिका टीका लिखी। व्याकरण दर्शन का वाक्यपदीय ग्रन्थ रचा और उसकी वृत्ति भी लिखी। उन्होंने दार्शनिक धरातल पर ही शब्दधातुसमीक्षा भी लिखी थी जिसके केवल दो श्लोक अब मिलते हैं। इस प्रकार पतंजलि ने संस्कृत भाषा के व्याकरण को समर्थ रूप में विद्वानों को सुलभ करवा दिया तो भर्तृहरि ने उस आधार पर व्याकरण दर्शन का एक समर्थ ज्योति स्तम्भ ही तैयार कर दिया था जो वैयाकरणों, दार्शनिकों, काव्यशास्त्रियों तथा दार्शनिकों का निरन्तर मार्गदर्शन कर रहा है। यही नहीं वाक्यपदीय की देश काल सम्बन्धी अवधारणा तो आधुनिक वैज्ञानिक दर्शन की आधारभूमि भी तैयार कर देने में समर्थ है। यही शब्दब्रह्मवादी स्फोटदर्शन का आधार बना। इस प्रकार पतंजलि न केवल महान् विद्वान् और विचारक थे अपितु उन्होंने भविष्य के विचारकों के प्रेरणा सूत्र भी अपने महाभाष्य में तैयार कर रखे हैं। यह महाभाष्य शेषावतार (पतंजलि) का रचा होने से फणिभाष्य भी कहलाता है।

पतंजलि का दूसरा सर्वप्रसिद्ध ग्रन्थ है– योगसूत्र। योग तो नितान्त व्यावहारिक प्रक्रिया है जिससे शरीर और मन को साधा जा सके। यह भारत में अनजाने काल से साधकों में प्रचलित रहा, परन्तु उसे दर्शन का रूप सर्वप्रथम पतंजलि ने ही योगसूत्र लिखकर प्रदान किया। योग की दार्शनिक पीठिका सांख्य दर्शन बनाता है। सांख्य सैद्धान्तिक है और योग व्यावहारिक। सांख्य निरीश्वर भी हो सकता है परन्तु योग सेश्वर ही होता है। यद्यपि भगवद्गीता में सेश्वर सांख्य ही प्रस्तुत हुआ है। स्फोटवाद महाभाष्य और योगसूत्र दोनों में मान्य है। अतः दोनों ग्रन्थों का रचयिता एक ही पतंजलि के विषय में विद्वानों में मतैकता है।

योग सूत्र में चार पाद हैं और समस्त सूत्रों की संख्या 195 है। पहला समाधिपाद है। उसमें समाधि के रूप, भेद, चित्त की वृत्तियाँ आदि की चर्चा है। द्वितीय साधन पाद में क्रिया योग, क्लेश और उसके भेद, क्लेश दूर करने के साधन, हेय के हेतु, हान और हानोपाय, योग के अष्टांग आदि का विवरण है। तीसरा विभूतिपाद है। इसमें धारणा, ध्यान और समाधि के बाद योग साधना से उत्पन्न विभूतियाँ बतायी गयी हैं। चतुर्थ कैवल्यपाद है। इसमें समाधिसिद्धि, विज्ञानवाद का निराकरण और कैवल्य का निर्णय किया गया है।

पातंजल योगसूत्र पर व्यासभाष्य सर्वप्राचीन और सर्वप्रामाणिक माना जाता है। गहन रहस्यों को इस भाष्य में बड़ी दक्षता के साथ स्पष्ट किया गया है। ये व्यास पुराणकार व्यास से भिन्न और परवर्ती बताए जाते हैं। यह भाष्य भी गहन है। इसे समझने के लिए वाचस्पति मिश्र ने तत्त्ववैशारदी टीका लिखी और विज्ञानभिक्षु ने योगवार्तिक लिखा। तत्त्ववैशारदी विद्वत्तापूर्ण टीका है। इसकी भी टीका राघवानन्द सरस्वती ने 'पातंजलरहस्य' के नाम से लिखी। पातंजल योगसूत्रों की अनेक अन्य भी टीकाएँ हैं। इनमें राजा भोज का राजमार्तण्ड या भोजवृत्ति सबसे प्रसिद्ध, लोकप्रिय और प्रामाणिक मानी जाती है। मणिप्रभा और योगसुधाकर योगदक्ष पंडितों द्वारा रची गयी है। इसलिए सूत्रार्थ समझने में अत्यन्त उपयोगी है। नागेश ने योगवार्तिक के आधार पर जो वृत्तियाँ लिखीं है वे

कहीं संक्षिप्त और कहीं अत्यन्त विस्तृत हैं। वार्तिक का अर्थ समझने में इन वृत्तियों से बड़ी सहायता मिलती है।[1]

चित्त की वृत्तियों को रोकने को योग कहते हैं। चित्त की पाँच भूमियाँ होती हैं। इन्हें स्तर कह सकते हैं। क्षिप्त, मूढ़, विक्षिप्त, एकाग्र और निरुद्ध। चित्त की वृत्तियाँ भी पाँच हैं—प्रमाण, विपर्यय, विकल्प, निद्रा और स्मृति। योग दो प्रकार के होते हैं—संप्रज्ञात और असम्प्रज्ञात। अतः समाधि सबीज और निर्बीज दो प्रकार की होती है। संप्रज्ञात सबीज है और असंप्रज्ञात निर्बीज है, चित्त अनेक क्लेशमय होता है। क्लेश पाँच प्रकार के हैं—अविद्या, अस्मिता, राग, द्वेष और अभिनिवेश। पुरुष दृक्शक्ति बुद्धि (दर्शनशक्ति) से सर्वथा भिन्न है। शरीर, मन और इन्द्रिय की शुद्धि के लिए आठ प्रकार के साधन होते हैं—यम, नियम, आसन, प्राणायाम, प्रत्याहार, धारणा, ध्यान और समाधि। साधक को क्रियायोग और समाधियोग के अभ्यास से इष्टसिद्धि हो जाती है। तप, स्वाध्याय, समर्पण भक्ति क्रियायोग है। इससे समाधि की भावना जाग्रत होती है। वैराग्य से चित्तवृत्ति रहित हो जाता है। तब उस दिशा में प्रतिष्ठित होने के लिए निरन्तर यत्न होना चाहिए। यह अभ्यास कहलाता है। तब बहुत समय बाद वैराग्य का अवलम्ब ग्रहण करता है।

सिद्धियाँ आठ बताई हैं—अणिमा, लघिमा, महिमा, प्राप्ति, प्रकाम्य, वशित्व, ईशित्व और यथाकामावसायिता। योगदर्शन का अन्तिम लक्ष्य है—आत्मदर्शन। इसलिए योगी जागरूक रहता हैं। सिद्धियों की ओर ध्यान नहीं देना चाहिए। ये योगी को बाँधती हैं, मोक्ष में बाधक होती हैं। अतः उनकी उपेक्षा करके कैवल्य ही लक्ष्य रहना चाहिए। इस प्रकार योगसूत्र क्रियात्मक (या प्रेक्टिकल) अधिक है।

भारतीय आस्तिक षड्दर्शनों में योगदर्शन भी एक है। षड्दर्शनों में योग को स्थान पतंजलि के इस योगसूत्र के कारण ही प्राप्त हुआ है। इस योगसूत्र का सीधा अत्यन्त संक्षिप्त अनुवाद इस पुस्तक में प्रस्तुत किया जा रहा है।

निदानसूत्र— यह सुज्ञात है कि अपने महाभाष्य में पतंजलि ने कई वैदिक सन्दर्भों की न केवल विशेष व्याख्या की अपितु 'पुष्यमित्रं याजयामः' कहकर यह भी संकेत कर दिया कि स्वयं पतंजलि पुष्यमित्र का अश्वमेध सम्पन्न करने वाले याजक थे। स्पष्ट ही वे वैदिक यज्ञों के मर्मज्ञ थे। महर्षि पतंजलि का निदानसूत्र सामवेद की कौथुम शाखा का ग्रन्थ है।[2] सायण ने निदान सूत्र (4।7) को ताण्ड्य ब्राह्मण भाष्य में पतंजलि के नाम से उद्धृत किया यथा तथा निरालम्बमता भगवता पतञ्जलिनोक्तम् सप्तमेऽहन्यर्कः कृताकृतो भवत्यब्राह्मणविहितवाद इति।

(ताण्ड्यब्राह्मण (16।5।12) पर सायण भाष्य)

इस निदान सूत्र के प्रथम प्रपाठक को 'छान्दोविचिति' (1 से 7 खंड) भी कहते हैं। इसकी विभिन्न पाण्डुलिपियों में इसे पतञ्जलिविरचित बताया गया है। इसके व्याख्याकार हृषीकेश का कहना है—

1. संस्कृत वाङ्मय का बृहद् इतिहास, वेदांगखण्ड, पृष्ठ 524
2. सं.वा.बृ. इति. (वेदांग), पृ. 524-525 तथा पृष्ठ 526-27।

सामगानां निदानस्था पतञ्जलिकृता हि सा।
तत्त्वबोधिनी में तातप्रसाद का भी यही अभिमत है।
विघ्नेशं भारतीमीशमाचार्यञ्च पतञ्जलिम्।
नत्वा निदानसूत्रस्य वृत्तिं कुर्वे यथामतिम्।।
तातप्रसादः कुरुते वृत्तिं तत्त्वसुबोधिनीम्।

ऋग्वेदानुक्रमणी में कहा गया है– **पातञ्जले निदाने तु।**
छान्दोगसूत्र प्रयोग पद्धति के आरम्भ में पातञ्जल का भी स्मरण किया गया है–

द्राह्यायणणीय–पातञ्जल–वाररुच–माशकानुपसंगृह्य।

कात्यायन की सर्वानुक्रमणी की टीका में सद्गुरुशिष्य (1187 ई.) ने भी महाभाष्यकार, योगशास्त्रकार और निदानकार को एक ही बताया गया है और वह है भगवान् पतंजलि।

यत्प्रणीतानि वाक्यानि भगवांस्तु पतञ्जलिः।
व्याख्यच्छान्तनवीयेन महाभापयेन हर्षितः।
योगाचार्यः स्वयं कर्ता योगशास्त्रनिदानयोः।।

निदानसूत्र में अनेक प्राचीन ग्रन्थों और ग्रन्थकारों के अभिमतों के उल्लेख होने से श्रौतयागों के विवेचन की दृष्टि से यह महत्त्वपूर्ण है। इन सब के साथ ही वाचस्पति मिश्र ने संकेत से निदानसूत्र, योग, वैद्यक आदि के कर्ता पतंजलि का स्मरण किया है–

निदानं तापानामुदितमथ तापाश्च कथिताः सहाङ्गैरष्टाभिर्विहितामिह योगद्वयमपि।
कृतो मुक्तेरध्वा गुणपुरुषभेदः स्फुटतरो विविक्तं कैवल्यं परिगलिततापा चितिरसौ।।

नि पूर्वक दा धातु से निष्पन्न निदान शब्द का अर्थ है–आदि कारण। ऋग्वेद में यह अर्थ मान्य है परन्तु यहाँ किसी विशेष विषय का विवेचन जिसमें किया गया हो वह सूत्रग्रन्थ निदानसूत्र है। यह अर्थ बौद्ध परम्परा के अर्थ से अधिक भिन्न नहीं है। बृहद् देवता (5।23) में इसे भाल्लवि शाखा से सम्बन्धी माना गया।

एष एव परामृष्टो भाल्लवी ब्राह्मणे द्वृचः।
निदानसंज्ञके ग्रन्थे छान्दोगानामिति श्रुतिः।।

वशिष्ठ धर्मशास्त्र (1।14) में भी यही कहा गया है–

अथापि भाल्लविनो निदाने गाथामुदाहरन्ति।

परन्तु परम्परा उसे कौथुम शाखा की ही मानती है। निदानसूत्र में अनेक यज्ञों का विवरण दिया गया है। परन्तु ताण्ड्य ब्राह्मण में प्राप्त सभी यज्ञों की चर्चा निदानसूत्र

में नहीं की गयी। इस निदानसूत्र में उन सब भेद-प्रभेदों का उल्लेख प्राप्त नहीं होता। लाट्यायन श्रौतसूत्र के विपुलांशों से इसका सम्बन्ध है। इसके वर्णित विषयों में छान्दोविचय, स्तोम तथा उसके भेदोपभेद और सामगन विषयक अन्य सूक्ष्म विवरण और सोमयाग होने पर भी ऊहगान सम्बन्धी आर्ध कृतित्व और प्रगाथप्रक्रिया जैसे महत्त्वपूर्ण विषयों पर विचार किया गया। पतंजलि ने इसमें धनञ्जय, गौतम, वसिष्ठ, भारद्वाज, शाण्डिल्यायन, शुंग आदि का उल्लेख किया।

छान्दोविचयः, सामगानां छन्दः, छन्दःपरिशिष्ट, छन्दोगःपरिशिष्ट उपनिदान सूत्र हैं। निदानसूत्र के समान 'अथातश्छन्दसां विचयं व्याख्यामः' से इनका भी आरंभ किया गया है। सामसंहिता की छान्दोनुक्रमणी बाद में दी गयी है। इनके अन्त में कहा गया है–

ब्राह्मणात् तण्डिनश्चैव पिङ्गलाच्च महात्मनः।
निदानादुक्थशास्त्राच्च छन्दसां ज्ञानमुद्धृतम्।।

यह उल्लेखनीय है कि इस निदानसूत्र (5।8।10) में शुङ्ग का उल्लेख है–

अग्निरिन्द्रय पवते इति शुङ्गः। 89।19

शुंग ने 'गायत्रविधानसूत्र' की रचना की थी। महर्षि पतंजलि शुंग पुष्यमित्र के समकालीन थे। महाभाष्य में उसके कई उल्लेख किए गए हैं।[1] गायत्रविधान का अन्तिम सूत्र है– शौङ्गं गायत्रविधानम् ।3।22। इसमें गायत्री छन्द पर आधारित गायत्रसाम सम्बन्धी विधियों का उल्लेख है जो ताण्ड्य ब्राह्मण से भी आगे का सूक्ष्म विवरण है। पतंजलि के आश्रयदाता शुंग थे। वे जिस सामवेद की शाखा के प्रवक्ता थे उसी शाखा का प्रवक्ता पतंजलि भी था। पतंजलि का आश्रयदाता पुष्यमित्र शुंग था। उसने या उसके पूर्वज ने इस ग्रन्थ की रचना की थी। पतंजलि ने इस प्रकार एक सुसंस्कृत विद्वान् राजवंश का आश्रय ग्रहण कर उसका सान्निध्य प्राप्त किया था। ऐसी अवस्था में उसका पुष्यमित्र के अश्वमेध का याजक बन जाना असम्भव नहीं है, बल्कि उचित ही है और ऐसी सामपरम्परा के मर्मज्ञ शुंगों की सन्निधि में पतंजलि का उसी परम्परा का निदानसूत्र रचना भी स्वाभाविक है। दशार्ण-विदिशा क्षेत्र सामवेदी परम्परा का तब केन्द्र ही रहा होगा। यह भी कारण है कि नृत्य-गीत जैसी ललित कलाओं में अग्निमित्र, वसुमित्र आदि की विशेष अभिरुचि रही। यह मालविकाग्निमित्र, हर्षचरित आदि से पुष्ट भी होता है।

निदानसूत्र में दस प्रपाठक हैं और प्रत्येक प्रपाठक में तेरह खण्ड हैं। इस प्रकार कुल 130 खण्ड हैं। इस पर तातप्रसाद की निदानसूत्रवृत्ति द्वितीय प्रपाठक या पटल तक है। निदानसूत्र में पहले विभिन्न वैदिक छन्दों के भेदों-उपभेदों की सोदाहरण चर्चा है। परवर्ती छन्द ग्रन्थों में ये उद्धृत होते रहे हैं। इसके बाद 147 प्रकार के विभिन्न यज्ञों की चर्चा की गयी है। इसमें तीस आचार्यों के नाम सहित उल्लेख हैं और बारह

1. संस्कृत वाङ्मय का बृहद् इतिहास, तन्त्रागम, पृष्ठ 235

ब्राह्मण ग्रन्थ नाम सहित उद्धृत हुए हैं। स्पष्ट ही अपने विषय का गहनता से इसमें विचार-विमर्श किया गया है। उन आचार्यों में शुङ्ग का भी उल्लेख है जिसकी चर्चा ऊपर हो चुकी है। निदानसूत्र में वैदिक छन्दों और यज्ञों के साथ ही यथावश्यक ज्योतिष् की भी चर्चा की है। इस समय तक पंडितों में वैदिक भाषा या रचना-पद्धति का व्यवहार पंडितों में चल रहा था। पतंजलि यदि छंदों का गहन परिचय दे रहे हैं तो कालिदास ऋक् छन्द में रचना भी कर दिखाते हैं। शाकुन्तल का छन्द ऋक् है, परन्तु भाषा संस्कृत है। इस प्रकार यह वैदिक और लौकिक संस्कृत के प्रवाह का सन्धि युग प्रतीत होता है। कोष तथा व्याकरण की दृष्टि से भी निदानसूत्र उपयोगी है।

परमार्थसार- पतंजलि को अहिपति, शेष, फणिभुत आदि विभिन्न नामों से जाना जाता है और यह माना जाता है कि वे शेषनाग के ही अवतार हैं या शेष के ही रूपान्तर हैं। पूरी परम्परा चिरकाल से यह बताती आ रही है। कम से कम एक प्राचीन ग्रन्थ ऐसा भी है जो इन आदिशेष का रचा बताया जाता है और वह है परमार्थसार। इसे पुस्तक में जगदाधार (जगत् के आधार) शेष की रचना बताया गया है। समस्त वेदान्तशास्त्रों को देखने के बाद शेष ने यह 85 आर्याओं की आर्यापञ्चशती रची—

वेदान्तशास्त्रमखिलं विलोक्य शेषस्तु जगदाधारः।
आर्यापञ्चाशीत्या बबन्ध परमार्थसारमिदम्।। 87

जगत् का आधार शेष अर्थात् पतंजलि इस परमार्थसार का कर्ता है, यह टीकाकार कहता है—

जगदाधारः शेषः पतञ्जलिरिदं परमार्थसारं बबन्ध।

शेष के आराध्य विष्णु हैं अतः पतञ्जलि के आराध्य भी विष्णु हैं। पतंजलि के आश्रयदाता शुंग राजा भी वैष्णव ही थे, यह विदिशा के ईसवी पूर्व के गरुडध्वज लेख से भी स्पष्ट होता है। परमार्थसार भी वैष्णव वेदान्त सार है। इस परमार्थसार की शैली अभिनवगुप्त को इतनी पसन्द आयी कि उन्होंने उसके कुछ शब्दों में परिवर्तन करके तथा उसमें कुछ कारिकाएँ घटा-बढ़ाकर उसे शैव परमार्थसार के रूप में प्रस्तुत कर दिया। इसमें शिष्य की जिज्ञासा के उत्तर के रूप में विषय का विवेचन किया गया है। शिष्य का एक बार प्रश्न होता है और तब आचार्य एक साथ सम्पूर्ण विषय का विस्तार से विवेचन कर देते हैं। यही प्रश्न उपनिषद् की पद्धति है और पतंजलि के प्रायः समकालीन मिलिन्दपञ्हो की भी यही शैली है। भगवद्गीता की शैली भी प्रश्नोत्तर की ही है, परन्तु वहाँ अर्जुन को कई बार प्रश्न करने पड़ते हैं। पातंजल महाभाष्य भी आचार्य के अध्यापन की शैली में रचा गया है। उसी प्रकार परमार्थसार भी संक्षेप में वैष्णव पद्धति से वेदान्त को स्पष्ट करता है। उसका आरम्भ ही सर्वव्यापी विष्णु की स्तुति से होता है—

परं परस्याः प्रकृतेरनादिमेकं निविष्टं बहुधा गुहासु।
सर्वालयं सर्वचराचरस्थं त्वामेव विष्णुं शरणं प्रपद्ये।।

ग्रन्थ के आरम्भ में दो उपजाति छन्द हैं। बाद में 85 आर्याएँ हैं। इस प्रकार कुल 87 पद्यों में बात पूरी कही गयी है। यद्यपि अन्तिम आर्या कहती है कि यह ग्रन्थ 85 आर्याओं में बनाया गया है। समस्त जगत् के आधार शेष ने पूरा वेदान्त शास्त्र देखकर यह परमार्थसार ग्रन्थ रचा।

भर्तृहरि ने वाक्यपदीय (1।138) में कहा कि पतंजलि ने काया, वाणी, बुद्धि सम्बन्धी क्रमशः चिकित्सा, लक्षण और अध्यात्मशास्त्र बनाए। टीकाकार वृषभदेव कहता है—अध्यात्मशास्त्राणि पातञ्जलादीनि। अध्यात्मशास्त्र योगसूत्र तो है ही, यह परमार्थसार भी है।

गर्भवास, जन्म, जरा, मरण, वियोग आदि के सागर में संसार को डूबा देखकर एक शिष्य अपने गुरुजी से हाथ जोड़कर बोला। आप अंगों (वेदांगों) सहित वेद के ज्ञाता हो, संशय दूर करते हो,तत्त्व की सत्य बात कहते हो। हे भगवान्, मैं आपसे पूछ रहा हूँ—संसार-सागर को पार करने का प्रश्न। इस दीर्घ संसार में संसार से किसका किससे सम्बन्ध है। जन्मों-पुनर्जन्मों से आवागमन द्वारा शुभ-अशुभ फल देने वाले कर्म का अनुभव कौन करता है? कर्म के गुण के जाल से बँधा जीव लूता (मकड़ी) के समान चलता रहता है। मोह के सघन अन्धेरे के बन्धन से उसका मोक्ष कैसे हो? पहले यह कहा गया था कि गुण (प्रकृति) और पुरुष के भेद के ज्ञाता को धर्म और अधर्म बाँध नहीं पाते, उन प्रकृति और पुरुष के विषय में मुझे बताइए। शिष्य के द्वारा यह पूछे जाने पर वे भगवान् पृथ्वी के आधार शेष उससे बोले—विद्वानों के लिए भी अत्यन्त गहन है यह बात, फिर भी तू सुन।

इत्याधारो भगवान् पृष्टः शिष्येण तं स होवाच।
विदुषामप्यतिगहनं वक्तव्यमिदं श्रृणु तथापि त्वम्।। 8

ऊपर के प्रश्न तीन श्लोकों (5-7) में पूछे गए और उनके उत्तर शेष ने दिए (9-86) 78 आर्याओं में। उत्तर लौकिक उदाहरणों से पुष्ट हैं और सरल भाषा में गहन विषय का प्रतिपादन किया गया। उपनिषदों या वेदान्त के अनुसार सांख्य दर्शन के अनुरूप प्रकृति, पुरुष आदि के भेद का जिस तरह प्रतिपादन किया गया है उसमें भगवद्गीता, योग, सांख्य और उपनिषदों के तत्त्वों का सार समन्वित हो गया है। महाभाष्य की समझाने की शैली में मनभाते उदाहरणों द्वारा गहन तथ्यों को भी सरलता से प्रस्तुत कर दिया गया है। आदि शेष कहते हैं कि मूल प्रकृति के लिए असत्य जगत् को भी जिन्होंने सत्य के समान कर दिया उन उपेन्द्र (भगवान विष्णु) को श्रद्धा सहित प्रणाम करके यह परमार्थसार कह रहा हूँ। परमार्थसार का मतलब है—उपनिषद् का अर्थतत्त्व।

सत्यमिव जगदसत्यं मूलप्रकृतेरिदं कृतं येन।
तं प्रणिपत्योपेन्द्रं वक्ष्ये परमार्थसारमिदम्।। 9

तब ब्रह्म, माया अथवा पुरुष, प्रकृति, सृष्टिप्रक्रिया, सृष्टिक्रम आदि वर्णित है। अचेतन प्रकृति या देह में जैसे ही चित् उपस्थित होता है वह चैतन्य के समान चेष्टा करने लगता है जैसे चुम्बक के पास में आते ही लोहा घूमने लग जाता है, स्वयं ही चेष्टा करने लग जाता है। जैसे सूर्योदय होने पर जीवलोक काम करने लग जाता है। वे कर्म न रवि करता है और न करवाता है। उसी प्रकार आत्मा भी न कर्म करता है और न करवाता है। स्वच्छ स्फटिक जैसे अनेक प्रकार के रंगों जैसा रंग (निर्लिप्त होकर) धारण कर लेता है और तब भी वह निर्मल रहता है उसी प्रकार परमात्मा विभिन्न देवत्व, मनुष्य आदि उपाधियों को धारण कर लेता है। चलते पानी में सूर्य बिम्ब भी चलता है और स्थिर में स्थिर हो जाता है। उसी प्रकार अन्तःकरण के चलने पर आत्मा भी चलती है। अदृश्य होकर भी चन्द्रबिम्ब में स्थित राहु जैसे जगत् में दृश्य होता है उसी प्रकार सर्व में होकर भी बुद्धि में आत्मा प्रकट हो जाता है। धर्म-अधर्म, सुख-दुःख, कल्पना, स्वर्ग-नरक में निवास, उत्पत्ति-निधन, वर्ण-आश्रम परमार्थ (वास्तव) में ये कुछ भी नहीं हैं। जैसे मृगतृष्णा में पानी, सीपी में चाँदी, रस्सी में साँप यह सब जगत् का समग्र रूप उसी प्रकार भ्रामक है जैसे किसी आँख के रोगी को दो चन्द्रमा दिखाई देते हैं।

आदिशेष ने इस प्रकार लौकिक सरल सरल उदाहरणों से, उपमाओं से, जीव, जगत् और परमात्मा के सम्बन्धों को स्पष्ट करने का सार्थक प्रयास किया है। मुक्ति या कैवल्य की प्राप्ति का सुगम रीति-मार्ग उसमें समझाया गया है। स्थूल रूप से वह मार्ग है जो गीता में सुझाया गया है। परन्तु सीधा तथ्यात्मक और लक्ष्योन्मुख के साथ ही संक्षेप में गहन बात को सरल उदाहरणों से स्पष्ट कर दिया गया है। संक्षिप्त होने के कारण ही पूरे परमार्थसार का अनुवाद इस पुस्तक में दिया जा रहा है। हिन्दी में सम्भवतः वह पहली बार प्रस्तुत हो रहा है। ऐसे तथ्य बिखरे रूप में तो महाभारत, श्रीमद्भागवत, ब्रह्माण्डपुराण आदि में श्रद्धाभाव से मिल जाते हैं, परन्तु सिलसिलेवार दार्शनिक पद्धति से संक्षेप में लोकग्रही पद्धति से परमार्थसार में ही वह प्रकट हो पाया है। इसीलिए तो अभिनवगुप्त जैसे धुरंधर दार्शनिक भी इसे आत्मसात् कर पूरा का पूरा ग्रन्थ अपनी तरह से प्रस्तुत कर देने का मोह नहीं त्याग पाए। राघवानन्द ने इसकी विवरण टीका लिखकर अधिक स्पष्ट कर देने का प्रयास किया है। नागेश भट्ट ने भी अपनी लघुमंजुषा में इसके बहुत से पद्यों की व्याख्या की है।

चरक संहिता

परम्परागत रूप से भर्तृहरि, भोजदेव, विज्ञानभिक्षु सहित पूरी परम्परा यह कहती अघाती नहीं है कि महर्षि पतंजलि ने वाणी, मन और काया को शुद्ध कर दिया तत्सम्बन्धी आकर ग्रन्थों की रचना करके। हमें यह तो ज्ञात है कि महाभाष्य से वाणी का और योगसूत्र से मन का संस्कार और शुद्धि हो जाती है परन्तु काया सम्बन्धी उनका आयुर्वेद

का ग्रन्थ कौन सा रहा? इसका पहली बार संकेत दिया चरक संहिता के टीकाकार चक्रपाणि ने। चक्रपाणि के अनुसार महाभाष्य, पातञ्जल (योगसूत्र) और चरक (संहिता) का संस्कार कर जिन्होंने मन, वाणी और काया के दोषों का हरण करने का बीड़ा ही उठा लिया उन अहिपति पतंजलि को प्रणाम।

पातञ्जलमहाभाष्यचरकप्रतिसंस्कृतै:।
मनोवाक्कायदोषाणां हर्त्रेऽहिपतये नम:।।

वही पारम्परिक अहिपति शेष पतंजलि इन सभी ग्रन्थों के अकेले रचनाकार हैं। चरक के संस्कारकर्ता के रूप में पतंजलि को स्थापित करने का यही एकमात्र प्रमाण नहीं है। इसीलिए कुछ लोग चरक और पतंजलि को अभिन्न मानते हैं। चरकसंहिता आठ भागों में विभक्त है। सूत्रस्थान, निदानस्थान, विमानस्थान, शरीर स्थान, इन्द्रिय स्थान, चिकित्सास्थान, कल्पस्थान और सिद्धिस्थान। छठी सदी में वाग्भट ने दृढ़बल को उद्धृत किया जो चरक का सहपाठी था। 800 ईसवी के लगभग उसका अरबी में अनुवाद हो चुका था और इससे पूर्व फारसी में अनुवाद हो चुका था। अतः यह ग्रन्थ पर्याप्त प्राचीन और सर्वमान्य है, इसमें सन्देह नहीं।

चरक संहिता के सर्वप्राचीन टीकाकार हरिचन्द्र वैद्य थे। उन्होंने पतंजलि और चरक की एकता सम्बन्धी कोई संकेत नहीं दिया। इस हरिचन्द्र का उल्लेख चतुर्भाणी तक में हुआ है, बल्कि यही माना जाता रहा कि इसके मूल लेखक अग्निवेश ही थे और चरक ने उसका संस्कार किया था।

काठक गृह्य सूत्र के अनेक नाम हैं—चरक गृह्यसूत्र, चारायणीय गृह्यसूत्र अथवा लौगाक्षि गृह्यसूत्र। परन्तु चरणव्यूहसूत्र (2/1) में चरक के बारह भेदों में चरक और चारायणीय भिन्न-भिन्न बताए गए हैं।[1] उधर पूर्वोक्त काठक गृह्यसूत्र के उल्लेख महाभाष्य (4।3।101 और 4।2।66) में भी हुए हैं। अतः चरक को ऐसी सभी परिस्थितियों में पहचानने की आवश्यकता है।

विद्वत्परंपरा कहती है कि पतंजलि ने आयुर्वेद सम्बन्धी भी महत्त्वपूर्ण ग्रन्थ रचा था। पतंजलि का आयुर्वेद सम्बन्धी एक ग्रन्थ है जो अभी तक अप्रकाशित बताया जाता है। लन्दन की इंडिया आफिस लायब्रेरी में पतंजलि के उस ग्रन्थ की हस्तलिखित प्रति विद्यमान है। उस ग्रन्थ का नाम है[2]—वातस्कन्धपैत्तस्कन्धोपेत सिद्धान्तसारावलि/जिस प्रकार परमार्थसार नाम में सार है उसी प्रकार इस आयुर्वेद-रचना के नाम में भी सारावलि है। ग्रन्थ के नाम से ही स्पष्ट है कि इसमें वातस्कन्ध है और पित्तस्कन्ध है। हो सकता है कि इसमें कफस्कन्ध भी रहा हो, परन्तु अभी वह ज्ञात नहीं है। इस ग्रन्थ के अस्तित्व से इस बात की पुष्टि हो जाती है कि भर्तृहरि, भोज, विज्ञानभिक्षु सहित पूरी विद्वत्परम्परा एक मत से जो यह मानती आ रही है कि पतंजलि ने व्याकरण, योग और आयुर्वेद

1. संस्कृत वाङ्मय का बृहद् इतिहास (वेदांग), पृष्ठ 137
2. बलदेव उपाध्याय, संस्कृत शास्त्रों का इतिहास, पृष्ठ 11 और पतंजलि प्रभा, 2003, पृष्ठ 29।

सम्बन्धी ऐसे ग्रन्थों की रचना की जो अपने-अपने क्षेत्र में मानदण्ड बन गए। आयुर्वेद अष्टांग माना जाता है, परन्तु मूल आधार तो तीन ही हैं– वात, पित्त और कफ। सत्त्व, रज और तम गुणों के प्रतीक हैं। ये त्रिगुण ही तो पतंजलि के योगसूत्र में भी विद्यमान हैं। एक काया को स्वस्थ रखने का उपाय बताता है तो दूसरा उस काया में बैठी चित्तवृत्तियों के संयम की बात करता है। उससे ही कुछ आगे बढ़ जाता है परमार्थसार, परन्तु वाणी की साधना तो सर्वत्र अपेक्षित है और महाभाष्य के बिना वाणी सधे तो भी कैसे? वाणी की साधना छन्द से और परलोक की साधना यज्ञ में उसके विनियोग से सम्भव है। अतः निदानसूत्र उसी दिशा में एक सार्थक मार्गदर्शन है।

भारतीय परम्परा में यह बात मान्य सी है कि पतंजलि के आदिशेष, शेष, अहिपति आदि नाम प्रचलित रहे। पतंजलि का महाभाष्य फणिभाष्य कहलाता है। आदिशेष पतंजलि का परमार्थसार भी प्रसिद्ध है ही। दसवीं शताब्दी के आरम्भ में राजशेखर ने अपनी काव्यमीमांसा में बताया कि काव्यपुरुष ने अठारह अधिकरणों वाली काव्यविद्या का उपदेश अपने अठारह शिष्यों को दिया। कविरहस्य सहस्राक्ष (इन्द्र) ने और उक्तिगर्भ ने औक्तिक की रचना की, सुवर्णनाभ ने रीतिनिर्णय रचा, प्रचेता ने अनुप्रासिक रचा, यम ने यमक बनाया, चित्रांगद ने चित्र काव्य का विवेचन किया, शेष ने शब्दश्लेष की रचना की। अर्थात् शब्दश्लेष विषयक विवरण, उदाहरण और विवेचन सर्वप्रथम शेष ने किया। असम्भव नहीं कि यह शेष पूर्वोक्त फणिभाष्य का कर्ता और परमार्थसार का रचयिता आदिशेष ही हो। यह इसलिए भी उचित है कि पतंजलि शब्दशास्त्रज्ञ हैं, शब्द के मर्म के विशेषज्ञ हैं। अतः उनके द्वारा शब्दश्लेष का प्रवर्तक ग्रन्थ रचा जाना सम्भव भी है। समुद्रगुप्त ने मुनिकवियों में पतंजलि का उल्लेख करते हुए उन्हें महानन्द काव्य का कर्ता भी बताया है और यह भी कहा है कि इस काव्य में योग की व्याख्या की गयी है जो चित्त के दोषों को दूर करती है।

महानन्दमयं काव्यं योगदर्शनमद्भुतम्।
योगव्याख्यानभूतं तद्रचितं चित्तदोषहम्।।

यह असम्भव नहीं है कि पतंजलि के इस काव्य में शब्दश्लेष की छटाएँ भी रहीं हों। यों भी उनका महाभाष्य काव्यात्मक ललित उद्धरण देने में अग्रणी रहा है। यही नहीं उनके परमार्थसार में तो उपमाओं, रूपकों से संवलित काव्यात्मक लालित्य आद्योपान्त पाया जा सकता है। यह कहना अनुचित नहीं होगा कि यह परमार्थ या परमतत्व को व्यक्त करता ललित काव्य है।

राजशेखर ने बताया कि सहस्राक्ष इन्द्र ने 'कविरहस्य' की रचना की। यह भी उल्लेखनीय है कि महाभाष्य में भी उल्लेख किया गया था कि बृहस्पति ने इन्द्र को एक हजार दिव्य वर्षों तक व्याकरण पढ़ाया था। इन्द्र के ऐन्द्र व्याकरण की परंपरा भी रही ही है। उसी तरह काव्यशास्त्र में भी इन्द्र और शेष अथवा पतंजलि का आरम्भिक पूर्वोक्त योगदान हो सकता है।

देश-काल

इस समग्र विवरण से स्पष्ट है कि महर्षि पतंजलि भारतीय वाङ्मय के अप्रतिम प्रवक्ता थे। उन्होंने जहाँ एक ओर वैदिक निदानसूत्र की रचना की वहीं परमार्थसार जैसा सचमुच सारसम्पन्न दार्शनिक ग्रन्थ भी रचा। संस्कृत भाषा और व्याकरण सम्बन्धी महाभाष्य लिखा, वहीं पारम्परिक योगधारा को समेटकर उन्होंने उसे 'योगसूत्र' के माध्यम से दार्शनिक धरातल पर प्रतिष्ठित कर दिया। आयुर्वेद सम्बन्धी उनके ग्रन्थ सिद्धान्त सारावलि में वात और पित्त सम्बन्धी आधारभूत चर्चा है और कहा तो यह भी जाता है कि उन्होंने चरक संहिता का भी संस्कार किया था। इस प्रकार उनके जो भी ग्रन्थ ज्ञात हैं या ज्ञात होते जा रहे हैं वे अपने-अपने विषय के आकर ग्रन्थ हैं या यों कहें कि उन-उन विषयों में उन ग्रन्थों ने जो आधार सामग्री प्रदान की वह भविष्य में मार्गदर्शक बन गयी है। ऐसे महिमामंडित विद्वान् के जीवन के विषय में जो चमत्कारपूर्ण कथाएँ और सन्दर्भ परम्परा में तैर रहे हैं, वे पहले प्रस्तुत किए ही गए हैं। अब हम यह जानने का प्रयास करें कि इतिहास की दृष्टि से उनका देश-काल क्या था?

महर्षि पतंजलि का ग्रन्थ 'महाभाष्य' उनके देश-काल विषयक अनुमान करने में विशेष सहयोगी सिद्ध हुआ है। उसमें जगह-जगह व्याकरण के उदाहरण या अपने-पराए अभिमत देने के लिए जिन शब्दों या वाक्यों का प्रयोग किया उनसे बहुत कुछ सीमांकन हो जाता है। इस महाभाष्यकार को बाद के लेखकों ने चूर्णिकार भी कहा है। पतंजलि के ये नाम बहुप्रचलित रहे— गोनर्दीय, गोणिकापुत्र, नागनाथ, अहिपति, फणी, फणभृत, शेष, शेषराज, शेषाहि, आदिशेष, चूर्णिकार, पदकार इत्यादि। गोनर्दीय चार बार (1।1।21, 1।1।29, 3।1।92, 7।2।102) महाभाष्य में उद्धृत हुआ है। राजशेखर भी पतंजलि को गोनर्दीय मानते हैं (काव्यमीमांसा अध्याय 6)। वैजयन्ती कोश में 'गोनर्दीयः पतञ्जलिः स्मृतः' कहकर गोनर्दीय को पतंजलि से अभिन्न बताया गया है। कलिंगराज पुरुषोत्तमदेव ने अपने त्रिकाण्डशेष कोश में गोनर्दीय, पतंजलि, चूर्णिकार और भाष्यकार को एक के ही चार नाम बताए हैं—

गोनर्दीयः पतञ्जलिः। चूर्णिकृद्भाष्यकारश्च 2।25-26

टीकाकार शीलस्कन्ध के अनुसार गोनर्दनामक पर्वत के समीप जन्मने के कारण वह पतंजलि गोनर्दीय कहलाता है। इस गोनर्दीय को ही 'गोनन्दीय' कहते हैं। पतंजलि सम्बन्धी अंजलि की बात भी कही गयी है वहाँ। कहता है टीकाकार—

गोनर्दीयः। गोनर्दे तन्नामकपर्वतसमीपे देशे भवः। गोनन्दीयः पतञ्जलिः। पतन् अज्जलिर्यस्मै। चूर्णीकृत्। चूर्णीं महाभाष्यं करोतीति। भाष्यकारः इति चत्वारि पतञ्जलिमुनेः।

इससे एक बात विशेष ज्ञात होती है कि गोनर्द नामक पर्वत था। कहीं-कहीं यह भी कहा गया कि गोनर्द नाम की नदी थी, परन्तु गोनर्द पर्वत होना अधिक उचित प्रतीत होता है। नागेश का कहना है कि गोनर्द नामक किसी देश में ऋषि की अंजलि

से सन्ध्या करते समय गिरा इसलिए वह पतंजलि कहलाया। इसी भाव को सिद्धान्तकौमुदी और नागोजिभट्ट के लघुशब्देन्दुशेखर में भी प्रकट किया गया है–

गानर्दाख्यदेशे कस्यचिद् ऋषेः सन्ध्योपासनसमये अञ्जलेनिर्गत इत्यैतिह्यात् अञ्जलेः पतन्निति पतञ्जलिः।

पतंजलि को देखते ही विद्वज्जन हाथ जोड़कर नमस्कार करने लग जाते हैं इसलिए उनका पतंजलि नाम सार्थक है–

पतन्तः अञ्जलयो यस्मिन्नमस्कार्यत्वादिति विग्रहः।

एक पारम्परिक श्लोक में यमक द्वारा भी पतंजलि नीति में अवगाहन की बात कही गयी है–

पातं जले विष्णुपदापगाया पातञ्जले चापि नयेऽवगाहम्।
आचक्षते शुद्धि द माप्रसूतेराचक्षते रागमधोक्षते च।।

बिना पतञ्जलि में दक्षता पाए विद्वानों की गोष्ठी दुर्लभ ही रहती है[1]–

नृणामनभ्यस्त फणाभृदीशगिरां दुरापा बुधराजगोष्ठी।
अबुद्धचापश्रुति पद्धतीनां युद्धक्षमेवोद्धृतयोद्धृसार्था।।

नागेशभट्ट अपनी उद्योत टीका में गोनर्दीय को स्वयं भाष्यकार (पतंजलि) ही बताते हैं। गोनर्दीयस्त्वाह (1।1।21) की टीका में वे कहते हैं– गोनर्दीयपदं व्याचष्टे भाष्यकार इति। और उनसे पूर्व कैयट भी अपनी प्रदीप टीका में यही बात कह चुके हैं– भाष्यकारस्त्वाह।

इसी प्रकार महाभाष्य में अपना अभिमत देते हुए पतंजलि स्वयं को गोणिकापुत्र कहते हैं– उभयथा गोणिकापुत्रः 1।4।51। नागेशभट्ट अपनी उद्योत टीका में कहते हैं कि गोणिकापुत्र तो स्वयं भाष्यकार ही हैं– गोणिकापुत्रो भाष्यकार इत्याहुः। इससे स्पष्ट है कि पतंजलि गोणिका के पुत्र थे। उनकी माता का नाम गोणिका था। पतंजलि गोनर्दीय थे। अर्थात् पतंजलि गोनर्द के निवासी थे। गोणिकापुत्र और गोनर्दीय व्याकरण के साथ ही कामसूत्रीय ग्रन्थों के भी उल्लेखनीय रचनाकार थे। कात्यायन ने अपने कामसूत्र में इन दोनों के अभिमतों को पृथक्-पृथक् उद्धृत किया है। एक ही व्यक्ति के अलग-अलग नाम अलग-अलग विषयों से जुड़ जाने का ऐसा भी उदाहरण भवभूति का भी है। भवभूति नाटककार के रूप में प्रसिद्ध हैं, परन्तु उनका ही दूसरा नाम उम्बेक मीमांसक के रूप में प्रसिद्ध है। नाटककार को उम्बेक तथा भवभूति को मीमांसक कहने सुनने की परम्परा नहीं है।

पतंजलि के देशकाल के विषय में सर्वाधिक उपयोगी उनका महाभाष्य ही है। उसमें जगह-जगह व्याकरण सम्बन्धी जो उदाहरण दिए हैं वे अपने समय के प्रति

1. सुभाषितरत्नभाण्डागार, 42।5,6

किसी सजग रचनाकार की दृष्टि से सम्पन्न हैं। लेखक अपने युग की स्थिति को देख ही नहीं रहा उसे जहाँ तहाँ अपनी सीमा में रेखांकित भी करता जाता है। वह कहता है–इह पुष्यमित्रं याजयामः ।3।2।123 फिर वे कहते हैं–पुष्यमित्र यजते, याजका याजयन्तीति। तत्र भवितव्यं पुष्यमित्रो याजयते याजका याजयन्तीति।3।1।26 इन उदाहरणों में लेखक स्पष्ट कहता है कि हम पुष्यमित्र का यज्ञ कराते हैं। यज्ञ करता है पुष्यमित्र और याजक यज्ञ करवा रहे हैं। ये सभी समकालीन उदाहरण हैं। इनमें प्रयुक्त पुष्यमित्र नाम इतिहास प्रसिद्ध है। धनमित्र के अयोध्यालेख में कहा गया है कि पुष्यमित्र ने दो अश्वमेध किए थे।[1]

कोसलाधिपेन द्विरश्वमेधयाजिनः सेनापतेः पुष्यमित्रस्य।

कालिदास के मालविकाग्निमित्र नाटक में कहा गया है कि अग्निमित्र का यह पुष्यमित्र पिता था और पुत्र था वसुमित्र। पुष्यमित्र की सेना का सेनापति यह वसुमित्र था और इसने अपने पितामह पुष्यमित्र का अश्वमेध पूर्ण करवाने के लिए सिन्धु नदी के दक्षिण तट पर यवनों की अश्वसेना को पराजित कर दिया था। तब पुष्यमित्र ने अश्वमेध किया था। इस विजय की बात सुनकर विदूषक ने प्रसन्न होकर कहा था–वसुमित्र भी अपने पिता अग्निमित्र के ही समान है।

भोदि परितुट्ठोम्हि जं पितरं अणुजादो वच्छओ।5।16

इससे स्पष्ट ही यह संकेत मिलता है कि अग्निमित्र ने भी पहले यवनों को इसी तरह पराजित कर दिया था। अश्वमेध का घोड़ा दिग्विजय कर रहा था और पुष्यमित्र का यज्ञ भी चल रहा था। उस यज्ञस्थान (यज्ञशरण) से सेनापति पुष्यमित्र का बुलावा आता है पुत्र विदिशा के राजा अग्निमित्र के पास। पुष्यमित्र यज्ञशरण में है, यज्ञ चल रहा है और पतंजलि कहता है–पुष्यमित्र यज्ञ कर रहा है, करवा रहा है, याजक यज्ञ कर रहे हैं, हम यज्ञ कर रहे हैं। स्पष्ट ही पतंजलि स्वयं उस यज्ञ को सम्पन्न करवाने में सम्मिलित हैं, वह पतंजलि जो इस विधि का महाविद्वान् था, जिसने निदानसूत्र में विविध प्रकार के यज्ञों की बारीकियाँ अंकित कर दी हैं, उससे बढ़कर श्रेष्ठ याजक और कौन हो सकता है। फिर ऐसे शुंग राजा का जो स्वयं उसी विद्वत्परम्परा के थे। निदानसूत्र में पतंजलि शुङ्गों का अभिमत भी देते हैं–अग्निरिन्द्राय पवते इति शुङ्गाः। 89।19

उसी महनीय विद्वत्परंपरा में जन्मा था सेनापति पुष्यमित्र। इनके समान क्षत्रिय के लिए यज्ञ होता रहा–

यदि भवद्भिः क्षत्रियं याजयेत्। (3।3।147)

इस पुष्यमित्र की सभा थी और उससे पूर्व (मौर्य) चन्द्रगुप्त की भी सभा थी (1।1।68)–

---

1. एपिग्राफिया इण्डिका, भाग 20, पृष्ठ 57

पुष्यमित्रसभा, चन्द्रगुप्तसभा।

उसी पुष्यमित्र सभा का माननीय सभासद था पतंजलि। चन्द्रगुप्त मौर्य था, वृषल था। वह सिमटकर गड्ढा मात्र रह गया है, उसका सरोवर अब समाप्त हो गया है।

काण्डीभूतं वृषकुलम्। कुण्डीभूतं वृषलकुलम् ।6।3।6।

अब जीतना है वृषल को, वृषल को जीतना है–

जेयो वृषलः।1।1।50

यही नारा था उस समय का, पतंजलि का उद्घोष था। ये मौर्य धन के लिए पूजा की मूर्तियाँ बनवाते हैं–

मौर्यैः हिरण्यार्थिभिर्चाः प्रकल्पिताः ।5।3।99

वहीं जहाँ शोण बहती है, उस शोण के किनारे पाटलिपुत्र है–

अनुशोणं पाटलिपुत्रः। 2।1।15

हम यहाँ पढ़ते हैं, यहाँ बसते हैं और यहाँ पुष्यमित्र का यज्ञ करते हैं–

इहाधीमहे, इह वसामः, इह पुष्यमित्रं याजयामः। 3।2।123

पाटलिपुत्र में पुष्यमित्र पढ़ा, बहुत समय तक रहा, वहीं यज्ञ भी किया।

वहीं वृषल को जीतना है और एक दिन, दिन-दहाड़े सेना के सामने सेनापति पुष्यमित्र ने मौर्य राजा बृहद्रथ को मौत के घाट उतार दिया। विष्णुपुराण में, हर्षचरित में दर्ज हो गयी यह क्रान्ति।

(क) पुष्यमित्रस्तु सेनानी समुद्धृत्य बृहद्रथम्। (विष्णुपुराण)

(ख) प्रज्ञादुर्बलं च बलदर्शनव्यपदेशदर्शिताशेषसैन्यः सेनानीरनार्यो मौर्यं बृहद्रथं पिपेष पुष्यमित्रः स्वामिनम्। (हर्षचरित)

बाद में मुद्राराक्षस में भी चाणक्य ने चन्द्रगुप्त को वृषल कहा था। पतंजलि उसे पहले ही रेखांकित करता है और अन्ततः वह वृषल राज्य समाप्त हो गया। पतंजलि ने वह वृषलशासन प्रत्यक्ष देखा और भोगा था। पतंजलि और कालिदास दोनों ही मौर्य विरोधी और शुंगों के पक्षधर थे। इससे स्पष्ट है कि दोनों ही सत्ता परिवर्तन के प्रत्यक्षदर्शी और भुक्तभोगी थे। उस युग में लड़कियाँ अर्धोरुक (जाँघिया) ही पहनती थीं– अर्धोरुकं एतत् कुमार्याः। शुंगकालीन अनेक नारी प्रतिमाओं में और अजन्ता के चित्रों में अर्धोरुक ही बताया गया है, चतुर्भाणी में भी है वह।

जब यह क्रान्ति हुई तो इस विशाल मौर्य साम्राज्य को हड़पने की होड़ शुरू हुई। अवसर पाते ही विदर्भ का राजा यज्ञसेन अपने क्षेत्र का स्वतंत्र राजा बन जाना चाहता था, यवनों ने हमले कर दिए। मालविकाग्निमित्र प्रमाण है। और महाभाष्य भी कहता है– यवनों ने साकेत को घेर लिया, यवनों ने मध्यमिका को घेर लिया।

अरुणद् यवनः साकेतं, अरुणद्यवनो मध्यमिकाम्। 3।2।11।

यवनों ने अयोध्या घेरी, यवनों ने मध्यमिका घेरी। मध्यमिका वर्तमान चित्तौड़ के पास नगरी है। उस समय वहाँ शिबियों का राज्य था। उनके सिक्के ईसवी दूसरी सदी से ईसवी पश्चात् तक के वहाँ से मिलते हैं। उस शिवि राजधानी मध्यमिका को घेर लिया। फिर सिन्ध नदी के किनारे शुंग वसुमित्र के घोड़े को पकड़ लिया यवनों ने। भीषण युद्ध हुआ और यवन ग्रीक हारे। यह यवन ग्रीक वही बताया जाता है जो शाकल (स्यालकोट) का राजा था और जिसकी बौद्धमत के प्रति जिज्ञासा के उत्तर में मिलिन्दपञ्हो नामक पालि ग्रन्थ प्रसिद्ध है। पूर्वोक्त मध्यमिका के शिवि राजा सर्वतात ने भी अश्वमेध उन्हीं दिनों किया था। यह घोसुंडी लेख से ज्ञात होता है।

इस सबसे स्पष्ट हुआ कि प्रमुख राजधानी पाटलिपुत्र थी। विदिशा प्रान्तीय राजधानी होने पर भी शुंगों की पारंपरिक भूमि थी। बाद में तो वे शायद पाटलिपुत्र त्यागकर विदिशा ही आ बसे थे। तभी तो शुंग राजा भागभद्र से मिलने ग्रीकदूत होलियोर विदिशा ही आया और यहीं उसने गरुड़ध्वज भी स्थापित किया जो आज तक उसकी कीर्ति बखान रहा है। डॉ. दिनेशचन्द्र सरकार का भी यही अभिमत है परन्तु यह भी उल्लेखनीय है कि राजा का जहाँ शिविर वहीं आकर राजदूत भेंट करते थे।

परन्तु पुष्यमित्र और पतंजलि के समय राजधानी पाटलिपुत्र ही थी। शोण के तट पर पुष्यमित्र की सभा का वह रत्न था। उसकी शास्त्रपरीक्षा पाटलिपुत्र में ही हुई थी। इस अनुश्रुति को काव्यमीमांसा भी रेखांकित करती है कि यहीं उपवर्ष, वर्ष, पाणिनि, पिंगल, व्याडि, वररुचि और पतञ्जलि की शास्त्रपरीक्षा हुई थी और उन्हें ख्याति मिली।

अत्रोपवर्षाविह पाणिनिपिंगलाविह व्याडिः।
वररुचिपतञ्जली इह परीक्षिताः ख्यातिमुपजग्मुः।। काव्यमीमांसा

महानगरों में काव्य और शास्त्र की परीक्षा के लिए ब्रह्मसभा होती थी। परीक्षा में उत्तीर्ण विद्वानों तथा कवियों को ब्रह्मरथ यान की सवारी और पट्टबन्ध का मान मिलता था। उस ब्रह्मसभा का आयोजन पाटलिपुत्र (पटना) और उज्जयिनी (उज्जैन) में होता था। पटना में शास्त्रकारों की परीक्षा होती थी और उज्जैन में कवियों की। पतंजलि शास्त्रकार थे इसलिए उनकी शास्त्रपरीक्षा पाटलिपुत्र में हुई थी। ऐसी ब्रह्मसभा का सभापति राजा होता था। ऐसी चन्द्रगुप्त सभा तथा पुष्यमित्र सभा का उल्लेख महाभाष्य में पतञ्जलि ने किया है, क्योंकि उन्होंने स्वयं उस सभा का मान पाया था, जिसका सभापतित्व पुष्यमित्र ने किया था।

इन सभी तथ्यों से स्पष्ट हो जाता है कि पतंजलि सेनापति शुंग के समकालीन रहे। पर्याप्त ऊहापोह के पश्चात् इतिहासविदों ने पुष्यमित्र का शासनकाल ईसवी पूर्व 185 से 149 तक मान लिया है। इससे पौराणिक उस मान्यता की भी पुष्टि हो जाती है कि पुष्यमित्र ने 36 वर्ष तक राज्य किया था। कम से कम इस अवधि में पतंजलि रहे ही।

महाभाष्य में महर्षि पतंजलि ने स्वयं के अभिमत गोणिकापुत्र के नाम से व्यक्त किए। यह पहले कहा जा चुका है। इससे स्पष्ट है कि उसकी माता का नाम गोणिका था।

महाभाष्य में पतंजलि ने अपने अभिमत कई बार गोनर्दीय के नाम से भी व्यक्त किए। यह पहले कहा जा चुका है। विवाद की स्थिति में अपना अभिमत जोर देकर वह कहता है–

इष्टमेवैतद् गोनर्दीयस्य। गोनर्दीय का यही अभिमत है।

गोनर्दीय अर्थात् गोनर्द का निवासी। अब गोनर्द क्या है? कोई टीकाकार कहता है गोनर्द देश है, कोई कहता है नगर है, कोई कहता है कि नदी है और कोई कहता है कि वह तो पर्वत का नाम है। त्रिकाण्डशेष कोष का टीकाकार यही तो कहता है–

गोनर्दे तन्नामकपर्वतसमीपे देशे भवः। गोनन्दीय पतञ्जलिः।

गोनर्द पर्वत के निकटवर्ती क्षेत्र में उत्पन्न था वह। उस निकटवर्ती बस्ती का नाम भी गोनर्द था। शिवसहस्रनाम में गोनर्द है। वराहमिहिर ने गोनर्द की गणना अवन्ती, दशपुर, विदिशा आदि के साथ ही की है। पद्मपुराण (5।21।138) के अनुसार गोनर्द में स्थाविराकार और उज्जैन में पितामह हैं। गोनर्दे स्थविराकार उज्जयिन्यां पितामहः। ईसवी पूर्व दूसरी सदी के साँची लेखों में तथा 14वीं सदी के सारंगपुर लेख में गोनर्द के उल्लेख हैं। यह गोनर्द कहाँ था? कैयट कहता है कि पूर्वी देश का है। इसी आधार पर कुछ विद्वानों ने उत्तरप्रदेश के वर्तमान गोंडा को गोनर्द बताया। रामभद्र दीक्षित ने अपने पतंजलिचरित काव्य में गोनर्द को चिदम्बरं में बताया। वहाँ के मन्दिर में शेषनाग रूप में पतंजलि की प्रतिमा भी है। कुछ लोग उसे काश्मीर या बिहार में भी बताने का प्रयास करते हैं। काशी में तो नागपंचमी पर नागकुआ पर विद्वद्गोष्ठी होती ही है। काव्यमीमांसा उनका पाटलिपुत्र के साथ सम्बन्ध बताती भी है। पतंजलि बहुमुखी प्रतिभा के यायावर विद्वान् थे। वे जहाँ जाते वहाँ के लोग उनकी स्मृतियाँ सहेज कर रख लेते थे। वे सर्वत्र के थे, परन्तु थे गोनर्दीय। वह गोनर्द स्थान कहाँ था? इसका उत्तर मिलता है हमें पालिग्रन्थ सुत्तानिपात के पारायणवग्ग की वत्थुगाथा (36-38) में। तदनुसार आचार्य बावरि ने एक ब्राह्मण के शाप का अर्थ समझने के लिए अपने शिष्यों को दक्षिण भारत से बुद्ध के पास भेजा। तब वे शिष्य आलक से प्रस्थान कर प्रतिट्ठान (पैठन), महिस्सति (माहिष्मती = महेश्वर), उज्जेनि (उज्जैन), गोनद्ध (गोनर्द = भोपाल के पास गोंदरमऊ), वेदिस (विदिशा), वनसह्वय, कोसंबि (कोसम), साकेत, सावत्थि (श्रावस्ती), कपिलवत्थु (कपिलवस्तु), कुसिनार, मन्दिर (मुण्डीरपत्तन), पाव (पावा), भोगनगर, वेसालि (वैशाली), मागधपुर इत्यादि स्थानों से होते हुए बुद्ध के पास पहुँचे।[1] यह ईसवी पूर्व का मार्ग-निर्देश है। यह पूर्वोक्त सभी प्रमाणों से पुराना प्रमाण है और विश्वसनीय भी।

---

1. पालि डिक्शनरी ऑफ प्रापर नेम्स। डॉ. मोतीचन्द्र का सार्थवाह, पृष्ठ 24

अलकस्स पतिट्ठानं पुरिं माहिस्सतिं तदा।
उज्जेनिं चापि गोनद्धं वेदिसं वनसह्वयं।।
कोसंबि चापि साकेतं सावत्थिं पुरुत्तमं।
सेतव्यं कपिलवत्थुं कुसिनारं च मन्दिरं।।
पावं च भोगनगरं वेसालिं मागधं पुरं।
पासाणकं चेत्तियं च रमणीयं मनोहरं।।

इसमें जो मार्गनिर्देश किया गया है वह तर्कसंगत है। तदनुसार माहिष्मती के बाद उज्जैन और उज्जैन तथा विदिशा के मध्य गोनद्ध बताया गया है। पालिभाषा का यह गोनद्ध ही संस्कृत का गोनर्द है। इसे ही त्रिकाण्डशेष के पूर्वोक्त बौद्ध टीकाकार ने गोनन्द भी कहते हुए पतञ्जलि को गोनन्दीय भी कहा है। ये गोनर्द, गोनद्ध या गोनन्द एक ही नाम के विभिन्न रूपान्तर हैं। महामायूरी में बताया गया है कि अवन्ति का यक्ष प्रियदर्शन, गोनर्दन का शिखण्डी और वैदिश का अंजलिप्रिय यह क्रम भी गोनर्द को उज्जैन और विदिशा के मध्य बताता है। गोनर्दन तो गोनर्द ही है—यह सिल्वां लेवी का भी मत है। बृहत्कल्पसूत्र (3263) भाष्य के अनुसार मौर्य साम्राज्य की साढ़े पच्चीस भुक्तियाँ थीं। उनमें दशण्णा (दशार्ण) भी था जिसकी राजधानी मत्तियावई (मृत्तिकावती) थी। कालिदास के समय दशार्ण की विदिशा या वैदिश नगर राजधानी हो गयी थी। मेघदूत के अनुसार इस दशार्ण की सीमा सिन्धु (कालीसिन्ध) नदी तक थी। उसके बाद अवन्ती जनपद की सीमा शुरू हो जाती थी—

प्राप्यावन्तीनुदयनकथाकोविदग्रामवृद्धान्। (30)

अतः यह गोनर्द दशार्ण भुक्ति के अन्तर्गत ही था यह उसकी पहचान से स्पष्ट हो जाता है। पालि के उपर्युक्त उद्धरण के आधार पर डॉ. मोतीचन्द्र ने बताया कि यह उज्जैन और विदिशा के मध्य में रहा। राहुल सांकृत्यायन[1] ने लिखा—मालवा में विदिशा और उज्जैन के बीच भोपाल के पास में गोनर्द कोई स्थान था। स. का. दीक्षित ने उज्जयिनी नामक पुस्तक में लिखा कि ''उज्जयिनी से एक ओर माहिष्मती एवं पैठण को तथा दूसरी ओर गोनर्द, विदिशा, कौशाम्बी एवं पाटलिपुत्र जाने वाले राजमार्ग थे।'' बुद्धकालीन भारतीय भूगोल (पृष्ठ 280) के अनुसार ''गोनद्ध या गोनद्धपुर अवन्ती जनपद का प्रसिद्ध निगम था। बावरी ब्राह्मण के सोलह शिष्य गोदावरी के समीप स्थित अपने गुरु के आश्रम में चलकर प्रतिष्ठान और माहिष्मती से उज्जयिनी होते हुए गोनद्ध आए, वहाँ से वे विदिशा गए।'' इन सबसे गोनर्द की भौगोलिक स्थिति स्पष्ट हो जाती है। यादव कोश में गोनर्द शब्द का अर्थ सारस बताया गया है—

सारसो मैथुनी कामी गोनर्दः पुष्कराह्वयः।

---

1. (पुरात्त्व निबन्धावलि, पृष्ठ 221)

दशकों तक अध्ययन तथा सर्वेक्षण के पश्चात् मैं इस निर्णय पर पहुँचा हूँ कि उज्जैन और विदिशा के मध्य वह गोनर्द आज का गोंदरमऊ गाँव है। यह भोपाल के पश्चिम में गाँधीनगर बस स्टाप के पास में, प्रायः एक मील दूर है। इस गोंदरमऊ नाम में गोंदर शब्द गोनर्द का तद्भव है। वर्णविपर्यय से यह गोनर्द का गोंदर हो गया है। मऊ तो वहाँ सब दूर है जहाँ कभी महुए अधिक होते थे। वैसे गूंदा एक घास प्रकार भी होता है, परन्तु वह गोंदर तो गोनर्द ही है। इसके औचित्य के पर्याप्त कारण हैं और वे भी विश्वसनीय।

यह गोंदरमऊ गाँव भोपाल का निकटवर्ती गाँव है। अतः उज्जैन से विदिशा के पारम्परिक मार्ग पर है। पारंपरिक मार्ग चिरकाल से परीक्षित होते हैं। अतः थोड़े बहुत इधर-उधर होने पर भी स्थूल रूप से चलते वे ही हैं। आज भी उज्जैन से विदिशा का मार्ग गोंदरमऊ के समीपवर्ती भोपाल से होकर ही गुजरता है और उस मार्ग पर ही है यह बस्ती। साँची में गोनर्द का उल्लेख है और सारंगपुर लेख में भी। ये दोनों वर्तमान गोंदरमऊ से क्रमशः पूर्व और पश्चिम में प्रायः समान दूरी पर हैं। साँची लेखों में गोनर्द के भिक्षु अनुरोध और गोनर्दक तापस के उल्लेख हैं और सारंगपुर लेखों में ब्रह्मदेव, सहदेव, गोविन्द आदि के उल्लेख हैं। साँची में गोनर्द के दो बार ही उल्लेख हुए। वराहमिहिर के बाद तो गोनर्द के उल्लेख नगण्य हैं। मार्कण्डेय पुराण 47।20।29 में दक्षिण व पश्चिम भारत के स्थानों के साथ गोनर्द बताया गया है। इन लेखों में ईसवी पूर्व दूसरी सदी से 14वीं शती तक गोनर्द की यथास्थिति का बोध होता है। इन दोनों लेखों, पद्मपुराण, बृहत्संहिता तथा पूर्वोक्त पालिसाहित्य में गोनर्द को नगर ही कहा गया है। एक टीका में गोनर्द नामक पर्वत बताया गया है। गोंदरमऊ ग्राम के आसपास विस्तृत क्षेत्र में पुरातत्त्वीय महत्व की वस्तुएँ बिखरी पड़ी हैं जो मौर्यकाल से प्राचीन भी हैं और 11-12 वीं शती की परमारकालीन भी हैं। गोंदरमऊ के पास ही पूर्वोक्त गोनर्द नामक एक पर्वत शृंखला है जिसमें ताम्राश्मयुगीन पात्रावशेष और लघुपाषाण उपकरण मिले हैं। वहाँ के शिलाश्रयों में प्रायः दस हजार वर्ष प्राचीन गाय, सर्प, आखेट, मृग, समूहनृत्य आदि के चित्र बने हैं। गोंदरमऊ के पास के खेत से पकी मिट्टी की एक मृण्मूर्ति मिली है जो ईसवी पूर्व तीसरी सदी की है। यह चतुर्भुज गजलक्ष्मी की प्रतिमा है। लक्ष्मी के वस्त्राभूषण यूनानी (ग्रीक) प्रतीत होते हैं। आधी आस्तिन की कंचुकी है और केश रचना भी यूनानी है। हाथ में पुष्पवलय तथा दोनों ओर सूँड उठाए दो हाथी हैं। भारत यूनानी कला इसमें देखी जा सकती है जो मौर्य-शुंग युग में प्रचलित भी थी। पुराविद् डॉ. वि. श्री. वाक्णकर इसे ईसा पूर्व दूसरी सदी की बताते रहे। यह उल्लेखनीय है कि साँची के तोरणद्वार पर भी गजलक्ष्मी की प्रतिमा उत्कीर्ण है।[1]

इस गोंदरमऊ ग्राम क्षेत्र से ही शकक्षत्रपों के 51 सिक्के प्राप्त हुए हैं जो 235 से 348 ई. तक के हैं। इन पर राजाओं के नाम और तिथियाँ भी हैं। इनमें से महाक्षत्रप

---

1. पतंजलिप्रभा, 2003-04, पृष्ठ 13-14 तथा 11

विजयसेन के 5, महाक्षत्रप रुद्रसेन द्वितीय के 6, भर्तृदास के 17, क्षत्रप विश्वसेन के 10, रुद्रसिंह द्वितीय के 3 तथा एक सिक्का महाक्षत्रप स्वामी रुद्रसेन का है। शेष 9 सिक्के पढ़े नहीं जा सके हैं।[1] इससे ही सिद्ध होता है कि गुप्तकाल से पहले गोंदरमऊ एक समृद्ध व्यापारिक मंडी था। ऐसे प्रसिद्ध स्थान से ऐसे सिक्के मिलना स्वाभाविक है। ग्यारहवीं से तेरहवीं सदी की इस क्षेत्र में अनेक खण्डित प्रतिमाएँ हैं। यथा हनुमान, गणेश, अर्धनारीश्वर, वाराही, विष्णु, उमामहेश्वर, अष्ट दिक्पाल, अप्सराएँ आदि। गोंदरमऊ के पास के कुराना ग्राम में तीर्थंकरों के साथ ही अन्य भी कई प्रतिमाएँ प्राप्त हुई हैं। किसी समय मथुरा से नागपुर तक पूरा क्षेत्र नाग वंश के अधीन था। गोंदरमऊ के निकट से नाग राजाओं के भी सिक्के मिले हैं। यह उल्लेखनीय है कि इन शुंगों ने नाग राजाओं को पराजित कर वैष्णव गरुड़ध्वज स्थापित करवाया था। गरुड़ नागों का विजेता होता है। बाद के परमार राजाओं ने भी नागविजय के प्रतीक गरुड़ को अपना राजचिह्न बनाया था। शुंग अग्निमित्र की पत्नी धारिणी थी जिसकी अँगूठी पर नागचिह्न बना हुआ था। चन्द्रगुप्त द्वितीय की पत्नी कुबेरनागा धारण सगोत्रा थी। अर्थात् 'धारण' नागगोत्र की होने के कारण अग्निमित्र की रानी धारिणी कहलाती थी। दशार्ण क्षेत्र में नागों की बस्तियाँ और वर्चस्व चिरकाल तक रहा। यह उल्लेखनीय है कि पतंजलि स्वयं भी शेषनाग ही माने जाते हैं। इससे स्पष्ट होता है कि वे नागवंश के थे। (यही नहीं छन्दों के मर्मज्ञ पिंगल भी नाग ही बताए जाते हैं) अतः उनके गोनर्द का इस नागक्षेत्र में होना असंभव नहीं है। नागों का ध्वज तालध्वज होता था। विदिशा में तालध्वज प्रतिमा प्राप्त हुई थी, जो अब ग्वालियर में है। महामायूरी में गोनर्द के यक्ष का नाम शिखण्डी बताया गया है। इस गोंदरमऊ के पास के एक पुरातत्वीय महत्त्व के टीले का पुराविदों ने सर्वेक्षण करने के बाद उसकी महत्ता को स्वीकारते हुए बताया कि आस-पास के आठ-दस किलामीटर के क्षेत्र में ऐसे ही महत्वपूर्ण 7-8 टीले हैं, जिनके उत्खनन से तत्कालीन सभ्यता और भी प्रकाशित हो पाएगी।

इसी गोंदरमऊ के पास प्रायः एक किलोमीटर दूर गोणीपुरा ग्राम है। इस नाम से ही पतंजलि की माता गोणिका की याद आ जाना स्वाभाविक है। यहाँ से भी पुरातन प्रतिमाएँ आदि प्राप्त होती हैं। सब जानते हैं कि पतंजलि ने महाभाष्य में स्वयं को गोणिकापुत्र कहा है। उस स्मृति में परम्परा से वह ग्राम-नाम (गोणीपुरा) होना असंभव नहीं है। महाभाष्य में पतंजलि ने गो के अपभ्रंश जो गावी, गोणी आदि शब्द बताए गए हैं वे मालवा के ग्रामीण अंचल में आज भी दैनिक बोलचाल के शब्द हैं– गुन्ना, गावड़ी आदि।

त्रिकाण्डशेष के पूर्वोक्त टीकाकार ने गोनर्द का नाम गोनन्द भी बताया-गोनन्दीयः पतञ्जलिः। यह शब्द पालि के पूर्वोक्त गोनद्ध का परवर्ती रूपान्तर है। यही नगर तेरहवीं सदी में भी बड़ा समृद्ध था– यह तेरहवीं शती के अपभ्रंश कवि लक्ष्मण के नेमिनाथ काव्य से पुष्ट हो जाता है–

---

1. इंडियन आर्कालाजिकल रिपोर्ट, 1954-55, पृष्ठ 63

मालवय विसय अंतरि पहाणु। सुरहरि भूसिअ तिसय ठाणु।।
जिवसइ पट्टणुणामइं महंतु। गोणन्दु पसिद्ध बहुरिद्धिवन्तु।।

इसी गोनन्द को अपने प्राचीन नाम 'गोनर्द' से भी तब पुकारा जाता था। इसीलिए तो सारंगपुर लेख में उसे गोनर्द कहा गया। उसी प्रकार जैसे बनारस को वाराणसी कहते ही हैं अथवा उज्जैन को उज्जयिनी कहते लिखते रहते हैं आज भी।

उज्जैन से विदिशा के प्राचीन पथ का एक मानचित्र प्रसिद्ध पुराविद् स्वर्गीय डॉ. वि.श्री. वाकणकर जी ने मेरे आग्रह पर बनाया था। उसमें वे पुरातन स्थल निर्दिष्ट हैं जिधर से सीधे उज्जैन से विदिशा पहुँचा जा सकता है। उज्जैन से बढ़ते ही कायथा पहुँचते हैं जो प्राचीन कपित्थ है। यह वराहमिहिर का जन्म स्थान है तथा छोटी कालीसिन्ध नदी के किनारे स्थित कस्बा है। यहाँ 1964-65 में वाकणकरजी के मार्गदर्शन में पुरातत्त्वीय उत्खनन हुआ था और जो अपनी विशेषताओं के कारण पुरातत्त्व के नक्शे पर स्थित है। कायथा से आगे बढ़ने पर बड़ी कालीसिन्ध के तट पर स्थित प्राचीन और पुरातत्त्वीय स्थल सुन्दरसी पहुँचते हैं। वहाँ परमारकालीन मन्दिर तो आज भी है और विक्रमादित्य की सुन्दरसी से जुड़ी लोककथाएँ भी प्रचलित हैं। सुन्दरसी से नेवज (निर्विन्ध्या) नदी के तट पर पुरातत्त्व के महत्वपूर्ण केन्द्र जुनार पहुँचते हैं। जुनार से पार्वती नदी पार कर गोनर्द या गोंदरमऊ पहुँच जाते हैं। गोंदरमऊ से साँची (काकनादबोट) होते हुए विदिशा का मार्ग है ही।

कायथा से एक मार्ग सारंगपुर, बिहार कोटरा आदि प्राचीन स्थानों से होकर जाता रहा जहाँ से ईसवी पूर्व के गुहालेख, औलिकरों के पाँचवी सदी के शिलालेख आदि प्राप्त होते हैं। कायथा से ही एक अन्य मार्ग साँची लेख में स्मृत अष्टनगर (आष्टा) होकर भी गोनर्द पहुँचता था। आज भी उज्जैन से भोपाल का सड़क मार्ग पार्वती नदी के तटवर्ती आष्टा से होकर ही है।

गोंदरमऊ में एक छोटी नदी है। वहाँ से 5 किलोमीटर दूर बिशनखेड़ी ग्राम है जो विष्णुक्षेत्र होने का संकेत करता है। शुंग और पुष्यमित्र वैष्णव ही थे। उसी क्षेत्र में आचारपुरा गाँव है जो आचार्यपुर रहा और आचार्य पतंजलि की याद दिलाता है। इन तथा ऐसे विभिन्न कारणों से यह सिद्ध हो जाता है कि आचार्य पतंजलि चाहे कहीं भी विभिन्न स्थानों पर घूमते रहे हों, परन्तु उनका जन्म स्थान गोनर्द भोपाल के निकट का गोंदरमऊ ग्राम ही है। पास ही माता का ग्राम गोणीपुरा है। दोनों नामों को आचार्य ने अपने महाभाष्य में अमर कर दिया। इन तथा ऐसे विभिन्न तथ्यों के आधार पर ही भारत के मान्य पुराविदों ने तथा विद्वानों ने इस गोनर्द की गोंदरमऊ के रूप में पहचान पर सर्वथा सहमति व्यक्त की है। डॉ. वि.श्री. वाकणकर जी ने तो इस हेतु स्वयं नक्शा ही बनाया था। सुप्रसिद्ध पुराविद् डॉ. एच. वी. त्रिवेदी ने 26।1।86 को मेरी डायरी में लिखा— 'मैं तो पूर्णतया सहमत हूँ।' प्रो. कृष्णदत्त वाजपेयी ने भी इससे सर्वथा सहमति व्यक्त की थी। केन्द्रीय पुरातत्त्व विभाग के पुराविद् डॉ. नारायण व्यास ने गोंदरमऊ का कई बार सर्वेक्षण करके उसकी प्राचीनता को रेखांकित किया। उन्होंने वहाँ से कई भाण्डावशेष एकत्र कर उनका

परीक्षण कर उस स्थान की प्राचीनता को रेखांकित किया। मूर्धन्य संस्कृत विद्वान डॉ. रेवाप्रसाद जी द्विवेदी ने दो बार पत्रों में कहा—आपकी गोंदरमऊ पहचान मान्य है। डॉ. हरिनारायण तिवारी, डॉ. भास्कराचार्य त्रिपाठी आदि भी पूर्णतया इस पहचान से सहमत हैं। डॉ. श्यामसुन्दर सक्सेना ने तो गोंदरमऊ के शैलचित्रों को अपने शोध का विषय ही बनाया। इस प्रकार संस्कृत एवं पुरातत्त्व के सर्वमान्य विद्वानों ने एकमत से यह स्वीकार किया है कि भोपाल के निकट का गोंदरमऊ ही पतंजलि का जन्मस्थान है।

मौर्यों के समय पाटलिपुत्र राजधानी थी। शुंगों के समय विदिशा प्रान्तीय राजधानी थी। यह शुंगों का अपना पारम्परिक स्थान भी प्रतीत होता है। इसीलिए तो परवर्ती कालीन शुंगों की मुख्य राजधानी पाटलिपुत्र से हटकर विदिशा ही हो गयी थी। डॉ. डी.सी. सरकार का अभिमत है कि इसीलिए यवन (ग्रीक) दूत हेलियोदोर भागभद्र राजा से मिलने विदिशा आया था। इसने यहाँ विष्णु मन्दिर के सामने गरुड़ध्वज खड़ा किया था जो लेख सहित आज भी वहीं खड़ा है। गोंदरमऊ (गोनर्द) वहाँ से अधिक दूर नहीं है। एक ही क्षेत्र के थे शुंग-वंश और पतंजलि के पैतृक गाँव।

पतंजलि महाभाष्य में कहते हैं कि 'हेऽलयो हेऽलय' करते हुए असुर पराजित हो गए। तेऽसुरा हेऽलयो हेऽलय इति कुर्वन्तः पराबभूवुः। प्रदीपकार किसी का मत देते हुए कहता है कि है हे प्रयोग करने के कारण हैहय नाम पड़ा। हैहयों की राजधानी माहिष्मती थी जो दक्षिण मालवा का क्षेत्र है। मालवी में आज भी ग्रामीण लोग पुकारने को 'हेला पाड़नो' कहते हैं। हेल संस्कृत में सरलता का बोधक है और मालवी में भी। इस प्रकार क्षेत्रीय भाषागत विशेषताएँ जो पतंजलि ने बतायीं वे आज तक जनता में सुरक्षित हैं।

इस प्रकार महर्षि पतंजलि के उपलब्ध ग्रन्थों से भी सिद्ध होता है कि वे अपने-अपने क्षेत्र के आधारभूत 'आकर' ग्रन्थ हैं। अपनी प्रतिभा ने व्याकरण, योग, वैद्यक, तंत्र, दर्शन, वैदिक सूत्र आदि विभिन्न दिशाओं को प्रसन्न कर दिया। विवरणों से यह भी ज्ञात होता है कि काव्य के क्षेत्र में भी उनका अनोखा योगदान रहा। उनके महाभाष्य की संस्कृत जगत् में धाक है और उनका योगसूत्र तो विश्वमान्य ग्रन्थ है। यह संयोग है कि उनका जन्म स्थान गोनर्द वर्तमान मध्यप्रदेश की राजधानी भोपाल से सटा हुआ है। पतंजलि विद्वत्परंपरा में बड़ा नाम है। उस नाम के अनुरूप राजधानी भोपाल में सम्भव हो सके तो उनके अपने ग्राम गोंदरमऊ में विद्वत्प्रतिष्ठान की स्थापना से क्षेत्र की महत्ता में वृद्धि होगी और पतंजलि को जनता भी जानेगी। वहाँ की पहाड़ी को गोनर्द पर्वत कहने में भी कोई बाधा नहीं होनी चाहिए।

इस पुस्तक में **पतंजलि** की उपलब्ध रचनाओं की बानगी देने का प्रयास किया गया है। छोटे-छोटे होने से योगसूत्र और परमार्थसार पूरे के पूरे आ गए हैं। निदानसूत्र और महाभाष्य के यहाँ आरम्भिक अंश ही दिए गए हैं।

भगवतीलाल राजपुरोहित

योग सूत्रम्

प्रथमः पादः

अथ योगनुशासनम्। 1
योगश्चित्तवृत्तिनिरोधः। 2
तदा द्रष्टुः स्वरूपेऽवस्थानम्। 3
वृत्तिसारूप्यमितरत्र। 4
वृत्तयः पञ्चतय्यः क्लिष्टाक्लिष्टाः। 5
प्रमाणविपर्ययविकल्पनिद्रास्मृतयः। 6
प्रत्यक्षानुमानागमाः प्रमाणानि। 7
विपर्ययो मिथ्याज्ञानमतद्रूपप्रतिष्ठम्। 8
शब्दज्ञानानुपाती वस्तुशून्यो विकल्पः। 9
अभावप्रत्ययालम्बनावृत्तिर्निद्रा। 10
अनुभूतविषया संप्रमोषः स्मृतिः। 11
अभ्यासवैराग्याभ्यां तन्निरोधः। 12
तत्र स्थितौ यत्नोऽभ्यासः। 13
स तु दीर्घकालनैरन्तर्यसत्कारासेवितो दृढ़भूमिः। 14
दृष्टानुश्राविकविषयवितृष्णस्य वशीकारसंज्ञा वैराग्यम्। 15
तत्परं पुरुषख्यातेर्गुणवैतृष्ण्यम्। 16
वितर्कविचारानन्दास्मितारूपानुगमात्संप्रज्ञातः। 17
विरामप्रत्ययाभ्यासपूर्वः संस्कारशेषोऽन्यः। 18
भवप्रत्ययो विदेहप्रकृतिलयानाम्। 19
श्रद्धावीर्यस्मृतिसमाधिप्रज्ञापूर्वक इतरेषाम्। 20
तीव्रसंवेगानामासन्नः। 21
मृदुमध्याधिमात्रत्वात्ततोऽपि विशेषः। 22
ईश्वरप्राणिधानाद्वा। 23
क्लेशकर्मविपाकाशयैरपरामृष्टः पुरुषविशेष ईश्वरः। 24
तत्र निरतिशयं सर्वज्ञबीजम्। 25
पूर्वेषामापि गुरुः कालेनानवच्छेदात्। 26
तस्य वाचकः प्रणवः। 27

तज्जपस्तदर्थभावनम्। 28
ततः प्रत्यक्चेतनाधिगमोऽप्यन्तरायाभावश्च। 29
व्याधिस्त्यानसंशयप्रमादालस्याविरतिभ्रान्तिदर्शनालब्धभूमिकत्वानवस्थितत्वानि चित्तविक्षेपास्तेऽन्तरायः। 30
दुःखदौर्मनस्याङ्गमेजयत्वश्वासप्रश्वासा विक्षेपसहभुवः। 31
तत्प्रतिषेधार्थमेकतत्त्वाभ्यासः। 32
मैत्रीकरुणामुदितोपेक्षाणां सुखदुःखपुण्यापुण्यविषयाणां भावनातश्चित्तप्रसादनम्। 33
प्रच्छर्दनविधारणाभ्यां वा प्राणस्य। 34
विषयवती वा प्रवृत्तिरुत्पन्ना मनसः स्थितिनिबन्धनी। 35
विशोका वा ज्योतिष्मती। 36
वीतरागविषयं वा चित्तम्। 37
स्वप्ननिद्राज्ञानालम्बनं वा। 38
यथाभिमतध्यानाद्वा। 39
परमाणुपरममहत्त्वान्तोऽस्य वशीकारः। 40
क्षीणवृत्तेरभिजातस्येव मणेर्ग्रहीतृग्रहणग्राह्येषु तत्स्थतदञ्जनता समापत्तिः। 41
तत्र शब्दार्थज्ञानविकल्पैः संकीर्णा सवितर्का समापत्तिः। 42
स्मृतिपरिशुद्धौ स्वरूपशून्येवार्थमात्रनिर्भासा निर्वितर्का। 43
एतयैव सविचारा निर्विचारा च सूक्ष्मविषया व्याख्याता। 44
सूक्ष्मविषयत्वं चालिङ्गपर्यवसानम्। 45
ता एव सबीजः समाधिः। 46
निर्विचारवैशारद्येऽध्यात्मप्रसादः। 47
ऋतम्भरा तत्र प्रज्ञा। 48
श्रुतानुमानप्रज्ञाभ्यामन्यविषया विशेषार्थत्वात्। 49
तज्जः संस्कारोन्यसंस्कारप्रतिबन्धी। 50
तस्यापि निरोधे सर्वनिरोधान्निर्बीजः समाधिः। 51
इति पातञ्जलयोगसूत्रपाठे प्रथमः पादः ।।**1**।।

पतंजलि के योगसूत्र

(समाधि)

आरम्भ होता है योग का अनुशासन (शास्त्र)। 1
चित्त की वृत्तियों को रोकना योग है। 2
तब द्रष्टा (पुरुष) अपने स्वरूप में स्थित रहता है। 3
अन्यथा (इस समय के सिवाय) वह वृत्ति के साथ एक रूप रहता है। 4
वृत्तियाँ पाँच प्रकार की हैं—क्लेश वाली और बिना क्लेश वाली। 5
वे प्रमाण, विपर्यय, विकल्प, निद्रा और स्मृति हैं। 6

ये प्रमाण हैं—प्रत्यक्ष, अनुमान और आगम। 7
विपर्यय तो मिथ्या ज्ञान है जो उसके वास्तविक रूप में प्रतिष्ठित नहीं है। 8
किसी शब्द से ऐसा ज्ञान प्रकट हो जिसमें वह वस्तु न हो तो उसे विकल्प कहते हैं। 9
अभाव के बोध का अवलम्ब वाली वृत्ति निद्रा है। 10
अनुभव किए गए विषयों का चित्त से लोप न होते हुए उनका (बुद्धि में) प्रकट होते रहना स्मृति है। 11
उन वृत्तियों को अभ्यास और वैराग्य से रोका जा सकता है, निरोध हो सकता है। 12
उन वृत्तियों में रहने पर भी उन्हें वश में करने का निरन्तर प्रयत्न अभ्यास कहलाता है। 13
वह अभ्यास श्रद्धा सहित सुदीर्घकाल तक निरन्तर होता रहे तो दृढ़भूमि (या दृढ़ आस्था वाला) कहलाता है। 14
देखे-सुने विषय के प्रति तृष्णा को सर्वथा त्यागने वाले का, वश में करने का नाम वैराग्य है। 15
पुरुष के वास्तविक स्वरूप के ज्ञान से जो वैराग्य आता है जिसमें गुण का पूर्ण परित्याग रहता है, वह वितृष्णा का भाव या परम वैराग्य है। 16
वितर्क, विचार, आनन्द और अस्मिता (अस्तित्वभाव या अहंकार) के अनुगमन या आधार सहित होना समाधियाँ हैं। 17
सभी प्रकार की मानसिक क्रियाओं के विराम का निरंतर अभ्यास हो और शेष यदि केवल (प्रत्ययहीन) संस्कार रहे तो वह अन्य प्रकार की समाधि है। 18
सम्यक् सम्पन्न न होने पर यही समाधि देवताओं और प्रकृति में तल्लीन रहने वालों की पुनः उत्पत्ति का कारण है। 19
शृद्धा, (मन का) तेज, स्मृति, समाधि (एकाग्रता) और प्रज्ञा के विवेक से समाधि पायी जा सकती है। 20
साधना तीव्र हो उन्हें शीघ्र सफलता मिलती है। 21
कोमल, मध्य या अधिक मात्रा के अनुसार उसमें भी विशेषता हो जाती है तथा सिद्धि के भी प्रकार हो जाते हैं। 22
ईश्वर के ध्यान से भी समाधि का फल होता है। 23
दुःख, कर्म, कर्म का फल और वासना से अछूता विशेष पुरुष ईश्वर है। 24
उसमें अद्वितीय सर्वज्ञता का बीज रहता है। 25
काल में सीमित न होने से वह पूर्व के समस्त (गुरुओं) का भी गुरु है। 26
उसका वाचक प्रणव या ओंकार है। 27
उस (प्रणव) के जप और उसके अर्थ की भावना से चित्त एकाग्र होता है। 28
उससे विपरीत का ज्ञान और बाधाओं का अभाव हो जाता है। 29

रोग, चित्त की जड़ता, संदेह, प्रमाद, आलस्य, वासना का लालच, भ्रान्ति या मिथ्या ज्ञान, समाधि की भूमि न पाना—ये चित्त के विक्षेप ही तो विघ्न हैं। 30

दुःख, मन दूषित होना, अंगों का काँपना, श्वास-प्रश्वास—ये सब चित्त के विक्षेप के साथ उत्पन्न होते हैं। 31

उन्हें रोकने के लिए तत्त्व का अभ्यास (आवश्यक) है। 32

सुख से मित्रता, दुःख से करुणा, पुण्य से प्रसन्नता तथा पाप की उपेक्षा की भावना चित्त को प्रसन्न कर देती है। 33

प्राणवायु को निकालने और विधारण (स्थिर) करने से भी चित्त स्थिर होता है। 34

विषयों वाली प्रवृत्ति होने का कारण मन की स्थिति से (बँधा) है। 35

शोकरहित ज्योतिसम्पन्न के ध्यान से समाधि होती है। 36

विषयों से आसक्ति हटाने से भी चित्त स्थिर हो जाता है। 37

स्वप्न, निद्रा अवस्था के ज्ञान का आधार भी उपयोगी है। 38

अथवा मनचाहे का ध्यान किया जाए। 39

तब परमाणु से लगाकर परम महान् पदार्थ उसके वश में होते हैं। 40

इस प्रकार जिसकी वृत्तियाँ क्षीण हो जाती हैं उन्हें उसमें स्थित एकाग्रता उसी प्रकार प्राप्त होती है जैसे विभिन्न रंगों को स्फटिक की मणियाँ धारण करती (भी हैं और नहीं भी करती) हैं। 41

शब्द, अर्थ के ज्ञान के विकल्पों से मिश्रि समाधि सवितर्क या वितर्क सहित समाधि कहलाती है। 42

स्मृति शुद्ध हो जाने पर अपेक्षित स्वरूप रहित अर्थमात्र प्रकाशित होने वाली समाधि-वितर्करहित या निर्वितर्का होती है। 43

इसी के द्वारा सविचारा और विचाररहित की व्याख्या की गयी जो सूक्ष्म विषय वाली है। 44

सूक्ष्म विषय की सीमा अलिंग या प्रधान (बुद्धि) तक होती है। 45

बीज सहित ये ही समाधि है। 46

विचाररहित निर्मल समाधि होने पर अध्यात्म का प्रसाद होता है अर्थात् चित्त की स्थिति सुदृढ़ हो जाती है। 47

उसमें प्राप्त प्रज्ञा (नवउन्मेष शालिनी बुद्धि) ऋतम्भरा या सत्य से पूर्ण है। 48

श्रुत या परम्परागत प्रामाणिक, अनुमान से प्राप्त प्रज्ञा अन्य (या सामान्य) विषय की होती है, समाधि से प्रकाशित विशेष अर्थ सम्पन्न होने से। 49

उस समाधि से उत्पन्न संस्कार अन्य संस्कारों को नहीं आने देता। 50

उस संस्कार का भी निरोध (रोक) हो जाने से (निर्बीज या) बीजरहित समाधि होती है। 51

द्वितीयः पादः

तपःस्वाध्यायेश्वरप्राणिधानानि क्रियायोगः। 1
समाधिभावनार्थः क्लेशतनूकरणार्थश्च। 2
अविद्यास्मितारागद्वेषाभिनिवेशाः क्लेशाः। 3
अविद्या क्षेत्रमुत्तरेषां प्रसुप्ततनुविच्छिन्नोदाराणाम्। 4
अनित्याशुचिदुःखात्मसु नित्यशुचिसुखात्मख्यातिरविद्या। 5
दृग्दर्शनशक्त्योरेकात्मतेवास्मिता। 6
सुखानुशयी रागः। 7
दुःखानुशयी द्वेषः। 8
स्वरसवाही विदुषोऽपि तथा रूढ़ोऽभिनिवेशः। 9
ते प्रतिप्रसवहेयाः सूक्ष्माः। 10
ध्यानहेयास्तद्वृत्तयः। 11
क्लेशमूलः कर्माशयो दृष्टादृष्टजन्मवेदनीयः। 12
सति मूले तद्विपाको जात्यायुर्भोगाः। 13
ते ह्लादपरितापफलाः पुण्यापुण्यहेतुत्वात्। 14
परिणामतापसंस्कारदुःखैर्गुणवृत्तिविरोधाच्च दुःखमेव सर्वं विवेकिनः। 15
हेयं दुःखमनागतम्। 16
द्रष्टदृश्ययोः संयोगो हेयहेतुः। 17
प्रकाशक्रियास्थितिशीलं भूतेन्द्रियात्मकं भोगापवर्गार्थं दृश्यम्। 18
विशेषाविशेषलिङ्गमात्रालिङ्गानि गुणपर्वाणि। 19
द्रष्टा दृशिमात्रः शुद्धोऽपि प्रत्ययानुपश्यः। 20
तदर्थ एव दृश्यस्याऽऽत्मा। 21
कृतार्थं प्रति नष्टमप्यनष्टं तदन्यसाधारणत्वात्। 22
स्वस्वामिशक्त्योः स्वरूपोपलब्धिहेतुः संयोगः। 23
तस्य हेतुरविद्या। 24
तदभावासंयोगाभावो हानं तद्दृशेः कैवल्यम्। 25
विवेकख्यातिरविप्लवा हानोपायः। 26
तस्य सप्तधा प्रान्तभूमिः प्रज्ञा। 27

योगाङ्गानुष्ठानादशुद्धिक्षये ज्ञानदीप्तिराविवेकख्यातेः। 28
यमनियमासनप्राणायामप्रत्याहारधारणाध्यानसमाधयोऽष्टावङ्गानि। 29
अहिंसासत्यास्तेयब्रह्मचर्यापरिग्रहा यमाः। 30
जातिदेशकालसमयानवच्छिन्नाः सार्वभौमा महाव्रतम्। 31
शौचसंतोषतपःस्वाध्यायेश्वरप्रणिधानानि नियमाः। 32
वितर्कबाधने प्रतिपक्षभावनम्। 33
वितर्का हिंसादयः कृतकारितानुमोदिता लोभक्रोधमोहपूर्वका मृदुमध्याधिमात्रा दुःखाज्ञानानन्तफला इति प्रतिपक्षभावनम्। 34
अहिंसा प्रतिष्ठायां तत्संनिधौ वैरत्यागः। 35
सत्यप्रतिष्ठायां क्रियाफलाश्रयत्वम्। 36
अस्तेयप्रतिष्ठायां सर्वरत्नोपस्थानम्। 37
ब्रह्मचर्यप्रतिष्ठायां वीर्यलाभः। 38
अपरिग्रहस्थैर्ये जन्मकथंतासम्बोधः। 39
शौचात्स्वाङ्गजुगुप्सा परैरसंसर्गः। 40
सत्त्वशुद्धिसौमनस्यैकाग्र्येन्द्रियजयात्मदर्शनयोग्यत्वानि च। 41
संतोषादनुत्तमः सुखलाभः। 42
कायेन्द्रियसिद्धिरशुद्धिक्षयात्तपसः। 43
स्वाध्यायादिष्टदेवतासंप्रयोगः। 44
समाधिसिद्धिरीश्वरप्रणिधानात्। 45
स्थिरसुखमासनम्। 46
प्रयत्नशैथिल्यानन्तसमापत्तिभ्याम्। 47
ततो द्वन्द्वानभिघातः। 48
तस्मिन् सति श्वासप्रश्वासयोर्गतिविच्छेदः प्राणायामः। 49
बाह्याभ्यन्तरस्तरम्भवृत्तिर्देशकालसंख्याभिः परिदृष्टो दीर्घसूक्ष्मः। 50
बाह्याभ्यन्तरविषयाक्षेपी चतुर्थः। 51
ततः क्षीयते प्रकाशावरणम्। 52
धारणासु च योग्यता मनसः। 53
स्वविषयासम्प्रयोगे चित्तस्वरूपानुकार इवेन्द्रियाणां प्रत्याहारः। 54
ततः परमा वश्यतेन्द्रियाणाम्। 55
इति पातञ्जलयोगसूत्रपाठे द्वितीयः पाठः **।।2।।**

द्वितीय पाद

साधन

तप, स्वाध्याय तथा ईश्वर को समस्त कर्मफलों का समर्पण क्रियायोग है। 1
समाधि की सिद्धि और क्लेश कम करने के लिए यह क्रियायोग है। 2

क्लेश पाँच हैं—अविद्या, अस्मिता, राग, द्वेष और अभिनिवेश। 3
बाद के चारों का उत्पादन क्षेत्र अविद्या है। वे प्रसुप्त, सूक्ष्म (शक्ति) और विच्छिन्न (या हटाया) तथा उदार या प्रबोध का क्षेत्र है। 4
अनित्य, अपवित्र, दुखों को आत्माओं में नित्य, पवित्र, सुखद और आत्म-ख्याति विवेचन अविद्या है। 5
दृक्शक्ति और दर्शनशक्ति की एकता अस्मिता है। 6
सुख पर आधारित राग है। 7
दुःख पर आधारित द्वेष है। 8
अपने में वासना रूप में चलने वाला जो विद्वानों में भी रहता है वह (जीवन-ममता) अभिनिवेश है। 9
वे सूक्ष्म पाँचों क्लेश प्रतिप्रसव (प्रतिलोम परिणाम) द्वारा नष्ट किए जाते हैं। 10
उनकी स्थूलवृत्तियाँ ध्यान से नष्ट की जाती हैं। 11
पाप-पुण्य, कर्म-आशय का मूल क्लेश हैं जो वर्तमान और भविष्य के जन्म में कर्मफल देते हैं। 12
संस्कार मूल रूप में रहने पर उसका फल जन्म, आयु और विभिन्न भोग हैं। 13
वे पुण्य और पाप के कारण हर्ष और शोक का फल देते हैं। 14
परिणाम में शोक-संस्कार के दुःखों से गुण (त्रिगुण) की प्रवृत्ति में विरोध होने से विवेकी के लिए सब कुछ दुःख ही है। 15
अनागत दुःख त्याज्य है। 16
दृष्टा और दृश्य का संयोग त्याज्य का कारण है। 17
दृश्य वह है जिसका स्वभाव प्रकाश, क्रिया और स्थिति है, जिसका स्वरूप भूत और इन्द्रियाँ हैं और प्रयोजन हैं भोग और अपवर्ग। 18
गुण की ये चार अवस्थाएँ हैं—विशेष, पंचभूत, तन्मात्रा, अविशेष, महत् मात्र और चिह्न रहित प्रकृति। 19
दृष्टा केवल चैतन्य है। शुद्ध होने पर भी वह अनुभव से ही दृश्य है। 20
उसके लिए दृश्य प्रकृति में आत्मा या पुरुष है। 21
कृतार्थ (परम पद पाने वाले) के लिए प्रकृति नष्ट होने पर भी नष्ट नहीं होती क्योंकि वह अन्य के लिए साधारण होने से। 22
प्रकृति और उसके स्वामी पुरुष की शक्तियों की स्वरूपप्राप्ति का कारण संयोग है। 23
उस संयोग का कारण अविद्या (अज्ञान) है। 24
उस अविद्या के अभाव से प्रकृति-पुरुष के संयोग का अभाव ज्ञान या अज्ञान का हटना है जो दृष्टा का कैवल्य है। 25
निरंतर विवेक का अभ्यास अज्ञान के विनाश के उपाय है। 26

उस ज्ञानी के सात समुन्नत प्रज्ञा सोपान हैं। 27

योग के भिन्न-भिन्न अंगों के अनुष्ठान से अशुद्धि का नाश हो जाने पर ज्ञान प्रकाशित होता है जो विवेक ख्याति तक होता है। 28

यम, नियम, आसन, प्राणायाम, प्रत्याहार, धारणा, ध्यान और समाधि—ये आठ हैं योग के अंग। 29

यम हैं—अहिंसा, असत्य, अस्तेय, ब्रह्मचर्य और अपरिग्रह। 30

ये यम सार्वभौम महाव्रत हैं जो जाति, देश, काल और समय (लक्ष्य) से अविच्छिन्न या अबाध हैं। 31

नियम हैं—शौच, संतोष, तप, स्वाध्याय, ईश्वर का ध्यान या उपासना। 32

वितर्क के बाधक या विरोधी भाव होने पर प्रतिपक्ष चिन्तन (आवश्यक) है। 33

हिंसा आदि वितर्क तीन प्रकार के हैं—स्वयं किए, दूसरे द्वारा करवाए और अनुमोदित। ये लोभ, क्रोध, मोह के कारण होते हैं। इनमें अल्प, मध्य या अधिक परिणाम में दुःख, अज्ञान आदि अनन्त फल वाले ये ही प्रतिपक्ष की भावना है। 34

अहिंसा की प्रतिष्ठा भीतर हो जाए तो उसके पास वैर का त्याग हो जाता है। 35

सत्य की प्रतिष्ठा होने पर क्रिया के फल का आश्रय या आधार (स्वयं) बन जाता है। 36

अस्तेय की प्रतिष्ठा होने पर सब रत्न प्रस्तुत हो जाते हैं। 37

ब्रह्मचर्य की प्रतिष्ठा होने पर वीर्य या सामर्थ्य उत्पन्न होता है। 38

अपरिग्रह प्रतिष्ठित होने पर जन्मादि सम्बन्धी जिज्ञासाएँ पूर्ण हो जाती हैं। 39

पवित्रता से अपने अंगों से घृणा और अन्यों से संसर्ग नहीं होता। 40

और सत्त्वशुद्धि, सौमनस्य (मानसी प्रीति), एकाग्रता, इन्द्रिय और आत्मदर्शन की योग्यता भी शौच से होती है। 41

संतोष से परम सुख मिलता है। 42

शरीर और इन्द्रिय की सिद्धि होती है जब तपस्या से अशुद्धि का नाश होता है। 43

स्वाध्याय (मन्त्रजप) से इष्ट देवता के दर्शन होते हैं। 44

ईश्वर में विशेष भक्ति से समाधि की सिद्धि होती है। 45

स्थिर और सुखपूर्वक बैठना आसन कहलाता है। 46

प्रयत्न की शिथिलता और अनन्त समापत्ति (ध्यान से तादात्म्य पाने) से स्थिर सुख होता है। 47

तब (ऐसा आसन सिद्ध होने पर) द्वन्द्व (शीतोष्णादि) बाधक नहीं बनते। 48

ऐसा होने पर श्वास-प्रश्वास की गति को धारण करना प्राणायाम कहलाता है। 49

बाह्यवृत्ति, भीतरी वृत्ति और स्तम्भ वृत्ति से यह तीन प्रकार का प्राणायाम देश, काल और संख्या द्वारा दीर्घ (नाभिमूल से प्रेरित) और सूक्ष्म देखा जाता है। 50

बाहर-भीतर चिन्तन-विषय पर केन्द्रित चौथा प्राणायाम है। 51

उससे (चित्त के) प्रकाश का आवरण क्षीण हो जाता है। 52

और धारणाओं में मन की योग्यता होती है। 53
अपने विषय को त्यागकर इन्द्रियाँ जब मानो चित्त स्वरूप का अनुकरण करती हैं तो उसे प्रत्याहार कहते हैं। 54
तब इन्द्रियाँ पूरी तरह से वश में हो जाती हैं। 55

तृतीयः पादः

देशबन्धश्चित्तस्य धारणा। 1

तत्र प्रत्ययैकतानता ध्यानम्। 2

तदेवार्थमात्रनिर्भासं स्वरूपशून्यमिव समाधिः। 3

त्रयमेकत्र संयमः। 4

तज्जयात्प्रज्ञालोकः। 5

तस्य भूमिषु विनियोगः। 6

त्रयमन्तरङ्गं पूर्वेभ्यः। 7

तदपि बहिरङ्गं निर्बीजस्य। 8

व्युत्थाननिरोधसंस्कारयोरभिभवप्रादुर्भावौ निरोधक्षणचित्तान्वयो निरोधपरिणामः। 9

तस्य प्रशान्तवाहिता संस्कारात्। 10

सर्वार्थतैकाग्रतयोः क्षयोदयौ चित्तस्य समाधिपरिणामः। 11

ततः पुनः शान्तोदितौ तुल्यप्रत्ययौ चित्तस्यैकाग्रतापरिणामः। 12

एतेन भूतेन्द्रियेषु धर्मलक्षणावस्थापरिणामा व्याख्याताः। 13

शान्तोदिताव्यपदेश्यधर्मानुपाती धर्मी। 14

क्रमान्यत्वं परिणामान्यत्वे हेतुः। 15

परिणामत्रयसंयमादतीतानागतज्ञानम्। 16

शब्दार्थप्रत्यानामितरेतराध्यासात्संकरस्तत्प्रविभागसंयमात् सर्वभूतरुतज्ञानम्। 17

संस्कारसाक्षात्करणात्पूर्वजातिज्ञानम्। 18

प्रत्ययस्य परचित्तज्ञानम्। 19

न च तत्सालम्बनं तस्याविषयीभूतत्वात्। 20

कायरूपसंयमात्तद्ग्राह्यशक्तिस्तम्भे चक्षुष्प्रकाशासंप्रयोगेऽन्तर्धानम्। 21

सोपक्रमं निरूपक्रमं च कर्म तत्संयमादपरान्तज्ञानमरिष्टेभ्योवा। 22

मैत्र्यादिषु बलानि। 23

बलेषु हस्तिबलादीनि। 24

प्रवृत्यालोकन्यासात् सूक्ष्मव्यवहितविप्रकृष्टज्ञानम्। 25

भुवनज्ञानं सूर्ये संयमात्। 26

चन्द्रे ताराव्यूहज्ञानम्। 27

ध्रुवे तद्गतिज्ञानम्। 28
नाभिचक्रे कायव्यूहज्ञानम्। 29
कण्ठकूपे क्षुत्पिपासानिवृत्तिः। 30
कूर्मनाड्यां स्थैर्यम्। 31
मूर्धज्योतिषि सिद्धदर्शनम्। 32
प्रातिभाद्वा सर्वम्। 33
हृदये चित्तसंवित्। 34
सत्त्वपुरुषयोरत्यन्तासंकीर्णयोः प्रत्ययाविशेषो भोगः परार्थात् स्वार्थसंयमात् पुरुषज्ञानम्। 35
ततः प्रातिभश्रावणवेदनादर्शास्वादवार्ता जायन्ते। 36
ते समाधावुपसर्गा व्युत्थाने सिद्धयः। 37
बन्धकारणशैथिल्यात्प्रचारसंवेदनाच्च चित्तस्य परशरीरावेशः। 38
उदानजयाज्जलपङ्ककण्टकादिष्वसङ्ग उत्क्रान्तिश्च। 39
समानजयाज्ज्वलनम्। 40
श्रोत्राकाशयोः सम्बन्धसंयमाद्दिव्यं श्रोत्रम्। 41
कायाकाशयोः संबन्धसंयमाल्लघुतूलसमापत्तेश्चाऽऽकाशगमनम्। 42
बहिरकल्पिता वृत्तिर्महाविदेहा ततः प्रकाशावरणक्षयः। 43
स्थूलस्वरूपसूक्ष्मान्वयार्थवत्त्वसंयमाद् भूतजयः। 44
ततोऽणिमादिप्रादुर्भावः कायसंपत्तद्धर्मानभिघातश्च। 45
रूपलावण्यबलवज्रसंहननत्वानि कायसंपत्। 46
ग्रहणस्वरूपास्मितान्वयार्थवत्त्वसंयमादिन्द्रियजयः। 47
ततो मनोजवित्वं विकरणभावः प्रधानजयश्च। 48
सत्त्वपुरुषान्यताख्यातिमात्रस्य सर्वभावाधिष्ठातृत्वं सर्वज्ञातृत्वं च। 49
तद्वैराग्यादपि दोषबीजक्षये कैवल्यम्। 50
स्थान्युपनिमन्त्रणे सङ्गस्मयाकरणं पुनरनिष्टप्रसङ्गात्। 51
क्षणतत्क्रमयोः संयमाद्विवेकजं ज्ञानम्। 52
जातिलक्षणदेशैरन्यतानवच्छेदात्तुल्ययोस्ततः प्रतिपत्तिः। 53
तारकं सर्वविषयं सर्वथाविषयमक्रमं चेति विवेकजं ज्ञानम्। 54
सत्त्वपुरुषयोः शुद्धिसाम्ये कैवल्यमिति। 55
इति पातञ्जलयोगसूत्रपाठे तृतीयः पाठः **।।3।।**

तृतीय

विभूतिपाद

चित्त को किसी विशेष स्थान पर बाँधना धारणा है। 1
उसमें ज्ञान की निरन्तरता ध्यान कहलाता है। 2

वही केवल अर्थ को प्रकाशित करता है तो उसे समाधि कहते हैं। उसमें स्वरूप की शून्यता प्रतीत होती है। 3

धारणा, ध्यान, समाधि तीनों एकत्र हो तो संयम कहलाता है। 4

इसे जीतने से प्रज्ञा (विवेक) का प्रकाश होता है। 5

उसका विनियोग अथवा प्रयोग विभिन्न स्तरों पर क्रमशः करना चाहिए। 6

यमादि पूर्व की अपेक्षा ये तीनों साधन अन्तरंग हैं। 7

वे निर्बीज समाधि की अपेक्षा बहिरंग हैं। 8

व्युत्थान (चंचलता) को रोकने का संस्कार संयम की स्थिति और प्रादुर्भाव होता है तब चित्त निरोध किया हुआ प्रतीत होता है। तब वह निरोधपरिणाम कहलता है। 9

उस निरोध के संस्कार या अभ्यास से उसका प्रवाह शान्त होता है। 10

समस्त विषयों के चिन्तन की प्रवृत्ति का क्षय और एकाग्रता के उदय चित्त की समाधि का परिणाम है। 11

शान्त गत, उदित वर्तमान और अप्रकट धर्म जिसमें हो वह धर्मी है। 12

क्रम का भेद भिन्न परिणाम का कारण है। 15

तीनों परिणामों के संयम से अतीत और अनागत (भविष्य) का ज्ञान होता है। 16

शब्द, अर्थ और प्रत्यय (ज्ञान) के परस्पर अध्यारोप से संकर और उसके विभागों में संयम से सब प्राणियों के शब्द (भाषा) का ज्ञान हो जाता है। 17

संस्कार को प्रत्यक्ष करने से पूर्वजन्म का ज्ञान होता है। 18

प्रत्यय (ज्ञान) से अन्य के चित्त का ज्ञान हो जाता है। 19

उसका आलम्बन नहीं क्योंकि वह उसका विषय नहीं है। 20

शरीर के रूप के संयम से उसकी ग्रहण करने की शक्ति रुक जाने पर आँख और प्रकाश के संयोग न होने पर वह योगी अदृश्य हो जाता है। 21

कर्म दो प्रकार के हैं—शीघ्र फल देने वाला और देर से फल देने वाला। संयम से मृत्यु सम्बन्धी ज्ञान अथवा तीनों प्रकार के (दैविक, आध्यात्मिक, भौतिक) अरिष्टों से भी शरीर त्याग जान लेता है। 22

मित्रता आदि गुणों में संयम से गुण बलवान् हो जाते हैं। 23

हाथी आदि के बलों में संयम से उन जैसा बल आ जाता है। 24

सात्त्विक प्रकाश में संयम से सूक्ष्म, व्यवधानवाली और दूर की वस्तु का ज्ञान हो जाता है। 25

सूर्य के प्रकाश में संयम करने से समस्त लोकों का ज्ञान हो जाता है। 26

चन्द्र में संयम से तारासमूह का ज्ञान होता है। 27

ध्रुव में संयम से तारों की गति ज्ञात हो जाती है। 28

नाभिचक्र में संयम से शरीर के व्यूह का पूरा ज्ञान हो जाता है। 29

कण्ठकूप (जिह्वामूल) में संयम से भूख-प्यास से निवृत्ति होती है। 30

कूर्मनाडी में संयम स्थिरता (चित्त की) लाता है। 31

सिर (मूर्धा) की ज्योति में (अदृश्य) सिद्धों के दर्शन होते हैं। 32

या फिर प्रातिभ (प्रतिभाज्ञान) से समस्त ज्ञान हो जाता है। 33

हृदय में संयम से अपने-पराए चित्त का ज्ञान हो जाता है। 34

पुरुष और सत्त्व अत्यन्त भिन्न हैं—उनके ज्ञानाभाव से भोग होता जो पुरुष के लिए है। उससे भिन्न स्वार्थ अवस्था के संयम से पुरुष (परम तत्त्व) का ज्ञान होता है। 35

उससे प्रातिभ ज्ञान, श्रवण, स्पर्श, दर्शन, स्वाद, गन्ध की सिद्धियाँ प्रकट होती हैं। 36

ये समाधि में बाधक हैं परन्तु व्यवहार में सिद्धियाँ हैं। 37

बन्धन का कारण शिथिल होने से, नाड़ीसमूह के ज्ञान के बाद चित्त अन्य के शरीर में प्रवेश करता है। 38

उदान नाड़ियों के जय से जल, कीचड़, काँटों को नहीं छूते हुए (उनके) ऊपर चल लेते हैं। 39

समान वायु के विजय से तेज से जलता सा लगता है। 40

कान और आकाश के सम्बन्ध के संयम से दिव्य कान हो जाते हैं। 41

शरीर और आकाश के सम्बन्ध के संयम से और हल्की रूई के संयम से आकाश-गमन हो जाता है। 42

शरीर से बाहर मन की शरीर से निरपेक्ष महाविदेहा वृत्ति से प्रकाश का आवरण क्लेश-कर्मादि नष्ट हो जाता है। 43

स्थूल, स्वरूप, सूक्ष्म, अन्वय और अर्थवत्ता के संयम से पंच भूत पर विजय होती है। 44

उससे अणिमादि सिद्धियों का प्रादुर्भाव होता है, कायसम्पदा की प्राप्ति होती है और रूपादि शरीरधर्म का नाश नहीं होता है। 45

रूप, लावण्य, बल, वज्रदृढ़ता कायसम्पत् है। 46

ग्रहण, स्वरूप, अस्मिता आदि इन्द्रियों की पाँचों अवस्था के संयम से इन्द्रियजयी हो जाता है। 47

तब मन जैसी गति, बिना शरीर के विषयानुभव की शक्ति और सब वश में करने की प्रधानजय सिद्धियाँ प्राप्त हो जाती हैं। 48

सत्त्व और पुरुष की पृथक्ता के ज्ञान संयम से सब भावों पर स्वामित्व और सर्वज्ञता प्राप्त होती है। 49

इन सिद्धियों को त्यागने से दोष का बीज नष्ट होता है और कैवल्य की प्राप्ति होती है। 50

देवादि द्वारा निमन्त्रण पर भी संग, स्मय नहीं करते, पुनः अनिष्ट की सम्भावना से। 51

क्षण और उसके क्रम के संयम से विवेक से उत्पन्न ज्ञान होता है। 52

जाति, लक्षण, देश से जिनका भेद नहीं किए जा सकने से एक समान प्रतीत होने वाले को भी (भिन्न कर) पहचान लेते हैं। 53

वह तारक ज्ञान है जो विवेकज्ञान समस्त वस्तुओं और विषयक्रम को ग्रहण कर लेता है। 54

सत्त्व बुद्धि और पुरुष की शुद्धिसमता में कैवल्य (प्राप्ति होती) है। 55

चतुर्थः पादः

जन्मौषधिमन्त्रतपः समाधिजाः सिद्धयः। 1
जात्यन्तरपरिणामः प्रकृत्यापूरात्। 2
निमित्तमप्रयोजकं प्रकृतीनां वरणभेदस्तु ततः क्षेत्रिकवत्। 3
निर्माणचित्तान्यस्मितामात्रात्। 4
प्रवृत्तिभेदे प्रयोजकं चित्तमेकमनेकेषाम्। 5
तत्र ध्यानजमनाशयम्। 6
कर्माशुक्लाकृष्णं योगिनस्त्रिविधामितरेषाम्। 7
ततस्तद्विपाकानुगुणानामेवाभिव्यक्तिर्वासनानाम्। 8
जातिदेशकालव्यवहितानामप्यानन्तर्यं स्मृतिसंस्कारयोरेकरूपत्वात्। 9
तासामनादित्वं चाऽऽशिषो नित्यत्वात्। 10
हेतुफलाश्रयालम्बनैः संगृहीतत्वादेषामभावे तदभावः। 11
अतीतानागतं स्वरूपतोऽस्त्यध्वभेदाद्धर्माणाम्। 12
ते व्यक्तसूक्ष्मा गुणात्मानः। 13
परिणामैकत्वाद्वस्तुतत्त्वम्। 14
वस्तुसाम्ये चित्तभेदात्तयोर्विभक्तः पन्थाः। 15
न चैकचित्ततन्त्रं वस्तु तदप्रमाणकं तदा किं स्यात्। 16
तदुपरागापेक्षित्वाच्चित्तस्य वस्तु ज्ञाताज्ञातम्। 17
सदा ज्ञाताश्चित्तवृत्तयस्तत्प्रभोः पुरुषस्यापरिणामित्वात्। 18
न तत्स्वाभासं दृश्यत्वात्। 19
एकसमये चोभयानवधारणम्। 20
चित्तान्तरदृश्ये बुद्धिबुद्धेरतिप्रसङ्गः स्मृतिसंकरश्च। 21
चित्तेरप्रतिसंक्रमायास्तदाकारापत्तौ स्वबुद्धिसंवेदनम्। 22
दृष्टृदृश्योपरक्तं चित्तं सर्वार्थम्। 23
तदसंख्येयवासनाभिश्चित्रमपि परार्थं संहत्यकारित्वात्। 24
विशेषदर्शिन आत्मभावभावनानिवृत्तिः। 25
तदा विवेकनिम्नं कैवल्यप्राग्भारं चित्तम्। 26
तच्छिद्रेषु प्रत्ययान्तराणि संस्कारेभ्यः। 27

हानमेषां क्लेशवदुक्तम्। 28
प्रसंख्यानेऽप्यकुसीदस्य सर्वथा विवेकख्यातेर्धर्ममेघः समाधिः। 29
ततः क्लेशकर्मनिवृत्तिः। 30
तदा सर्वावरणमलापेतस्य ज्ञानस्याऽऽनन्त्याज्ज्ञेयमल्पम्। 31
ततः कृतार्थानां परिणामक्रमसमाप्तिर्गुणानाम्। 32
क्षणप्रतियोगी परिणामापरान्तनिर्ग्राह्यः क्रमः। 33
पुरुषार्थशून्यानां गुणानां प्रतिप्रसवः कैवल्यं स्वरूपप्रतिष्ठा वा चितिशक्तिरिति। 34
इति पातञ्जलयोगसूत्रपाठे चतुर्थः पादः ।।4।।
समाप्तोयं ग्रन्थः।

चतुर्थ कैवल्यपाद

जन्म, औषधि, मन्त्र, तप सिद्धियाँ समाधि से प्राप्त होती हैं। 1
प्रकृति के पूर्ण होने से जन्मान्तर परिणाम होता है। 2
प्रकृति के परिणाम परिवर्तन की बाधा हटाने वाले निमित्त हैं। जैसे खेत वाला पानी को मार्ग देने के लिए क्यारे की मेड़ तोड़ देता है। पानी स्वयं ही बहकर भीतर फैल जाता है। 3
निर्मित चित्त अहं तत्व से निर्मित होते हैं। 4
इन निर्मित चित्तों के कार्य अनेक होने पर भी उनका नियन्ता एक मूल चित्त है। 5
उनमें से ध्यान से उत्पन्न चित्त वासनारहित होता है। 6
अन्य के शुक्ल, कृष्ण और मिश्र कर्म होते हैं, परन्तु योगियों के न शुक्ल होते न कृष्ण। 7
इन कर्मों से वे ही वासनाएँ प्रकट होती हैं जो उस समय के योग्य हों। 8
स्मृति और संस्कार की एकरूपता के कारण जाति, देश, काल की बाधाओं के बाद भी स्मृति-संस्कार में व्यवधान नहीं होता। 9
महामोह-तृष्णाएँ नित्य हैं। अतः वासनाएँ भी अनादि हैं। 10
हेतु, फल, आश्रय और अनुभव से वासनासंग्रह होता है। इनके अभाव में वासनाओं का भी अभाव होता है। 11
वस्तुओं के धर्म विभिन्न रूप धारण करते हैं। अतः अतीत और अनागत स्वरूपतः सदा रहते हैं। 12
उन धर्मों के गुण ही उनका स्वरूप हैं। वे कभी व्यक्त और कभी सूक्ष्म अवस्था में रहते हैं। 13
परिणाम की एकता के कारण वास्तव में वस्तु भी एक ही है। 14
वस्तु की समता होने पर भी चित्तों के भेद होने से उन दोनों के पथ भिन्न भिन्न होते हैं। 15
चित्त में वस्तु के प्रतिबिम्ब की अपेक्षा से वस्तु ज्ञात या अज्ञात होती रहती है। 16

चित्तवृत्तियाँ सदा ज्ञात रहती हैं क्योंकि उस चित्त का स्वामी पुरुष अपरिणामी है। 17

चित्त दृश्य होने से स्व-आभास या आत्मप्रकाश नहीं है। 18

एक समय में दोनों को न समझ सकने के कारण चित्त आत्मप्रकाश नहीं होता। 19

चित्तों को परस्पर दृश्य मानने पर वह बुद्धि अन्य बुद्धि का दृश्य होते जाने से अनवस्था हो जाती है। उससे स्मृति का मिश्रण हो जाता है। 20

चित्त रूप पुरुष अपरिणामी है। जब चित्त उसका आकार पाता है तब वह ज्ञानमय हो जाता है। 21

दृष्टा और दृश्य से रंग जाने पर चित्त सब कुछ समझने में समर्थ हो जाता है। 22

वह चित्त असंख्य वासनाओं से अनेक रूप होने पर भी पुरुष के लिए है, क्योंकि वह संयुक्त होकर काम करता है। 23

विवेकशील पुरुष में आत्मभाव की भावना नहीं रहती है। 24

तब विवेकशील होकर कैवल्य की पूर्व स्थिति पा लेता है। 25

संस्कारों के कारण उसके विघ्नरूप बीच-बीच में विचार आते हैं। 26

क्लेशों के नाश की तरह इन संस्कारों का भी नाश करना पड़ता है। 27

विवेक से उत्पन्न ऐश्वर्य में वैराग्य होने पर विवेक प्रकाशित रहने से (शुद्ध परम पुरुषार्थ साधक) धर्ममेघ समाधि प्राप्त होती है। 28

उससे क्लेश और कर्मों का नाश होता है। 29

तब सब आवरण और क्लेश के मल दूर हो जाने से ज्ञान अनन्त हो जाता है और ज्ञेय थोड़ा ही रह जाता है। 30

काम समाप्त हो जाने पर गुणों के परिणाम भी समाप्त हो जाते हैं। 31

क्रम वह होता है जब क्षण में होने वाले परिणाम की परम्परा के अन्त में जाने जा सकें। 32

गुणों से पुरुष का प्रयोजन नहीं रहने पर प्रतिलोम क्रम से (गुणों का लय) कैवल्य कहलाता है अथवा चित्त-शक्ति का अपने स्वरूप में प्रतिष्ठित होना कैवल्य कहलाता है। 33

योगसूत्र समाप्त

महाभाष्यम्

अथ पश्पशाह्निकम्

अथ शब्दानुशासनम्।

अथेत्ययं शब्दोऽधिकारार्थः प्रयुज्यते। शब्दानुशासनं नाम शास्त्रमधिकृतं वेदितव्यम्।

केषां शब्दानाम्?

लौकिकानां वैदिकानां च। तत्र लौकिकास्तावत्-गौः अश्वः पुरुषः हस्ती-शकुनिः मृगः ब्राह्मण इति।

वैदिकाः खल्वपि शन्नो देवीरभिष्टये, इषे त्वोर्जे त्वा, अग्निमीळे पुरोहितम्, अग्न आयाहि वीतये इति।

अथ गौरित्यत्र कः शब्दः? किं यत्तत्सास्नालाङ्गूलककुदखुरविषाण्यर्थरूपम्, स शब्दः? नेत्याह, द्रव्यं नाम तत्।

यत्तर्हि तदिङ्गितं चेष्टितं निमिषितं स शब्दः? नेत्याह, क्रिया नाम सा।

यत्तर्हि तत् शुक्लो नीलः कपिलः कपोत इति, स शब्दः?

नेत्याह गुणो नाम सः।

यत्तर्हि तत् भिन्नेष्वभिन्नं छिन्नेष्वछिन्नं सामान्यभूतं स शब्दः? नेत्याह आकृतिर्नाम सा।

कस्तर्हि शब्दः? येनोच्चारितेन सास्नालाङ्गूलककुदखुरविषाणिनां संप्रत्ययो भवति, स शब्दः। अथवा प्रतीतपदार्थको लोके ध्वनिः शब्द इत्युच्यते। तद्यथा शब्दं कुरु, मा शब्दं कार्षीः, शब्दकार्ययं माणवकः इति ध्वनिकुर्वन्नेवमुच्यते। तस्मात् ध्वनिःशब्दः।

कानि पुनः शब्दानुशासनस्य प्रयोजनानि?

रक्षोहागमलघ्वसन्देहाः प्रयोजनम्।

रक्षार्थं वेदानामध्येयं व्याकरणम्। लोपागमवर्णाविकारज्ञो हि सम्यग्वेदान्परिपालयिष्यतीति।

ऊहः खल्वपि। न सर्वैर्लिङ्गैर्न च सर्वाभिर्विभक्तिभिर्वैदे मन्त्रा निगदिताः। ते चावश्यं यज्ञगतेन यथाऽर्थं विपरिणमयितव्याः। तान्नावैयाकरणः शक्नोति यथार्थं विपरिणमयितुम्। तस्मादध्येयं व्याकरणम्।

आगमः खल्वपि। ''ब्राह्मणेन निष्कारणो धर्मः षडङ्गो वेदोऽध्येयो ज्ञेयः'' इति। प्रधानं च षट्स्वङ्गेषु व्याकरणम्। प्रधाने कृतो यत्नः फलवान्भवति।

लघ्वर्थं चाध्येयं व्याकरणम्। ''ब्राह्मणेनावश्यं शब्दा ज्ञेयाः'' इति, न चान्तरेण व्याकरणं लघुनोपायेन शब्दाः शक्या विज्ञातुम्।

असंदेहार्थं चाध्येयं व्याकरणम्।याज्ञिकाःपठन्ति– 'स्थूलपृषतीमाग्निवारुणीमनड्वाहीमालभेत' इति। तस्यां सन्देहः स्थूला चासौ पृषती च स्थूलानि वा पृषन्ति यस्याः सा स्थूलपृषतीति। तां नावैयाकरणाः स्वरतोऽध्यवस्यति। यदि पूर्वपदप्रकृतिस्वरत्वं ततो बहुव्रीहिः, अथ अन्तोदात्तत्वं ततस्तत्पुरुष इति।

इमानि च भूयः शब्दानुशासनप्रयोजनानि तेऽसुराः। दुष्टः शब्दः। यदधीतम्। यस्तु प्रयुङ्क्ते। अविद्वांसः। विभक्तिं कुर्वन्ति। यो वा इमाम्। चत्वारि। उत त्वः। सक्तुमिव। सारस्वतीम्। दशम्यां पुत्रस्य। सुदेवो असि वरुण इति।

तेऽसुराः। ''तेऽसुरा हेऽलयो हेऽलय इति कुर्वन्तः पराबभूवुः। तस्माद्ब्राह्मणेन न म्लेच्छितवै नापभाषितवै म्लेच्छो ह वा एष यदपशब्दः।

म्लेच्छा मा भूमेत्यध्येयं व्याकरणम्। तेऽसुराः।''

दुष्टः शब्दः

दुष्टः शब्दः स्वरतो वर्णतो वा मिथ्याप्रयुक्तो न तमर्थमाह।
स वाग्वज्रो यजमानं हिनस्ति यथेन्द्रशत्रुः स्वरतोऽपराधात्।।

इति। दुष्टाञ्छब्दान्मा प्रयुक्ष्महीत्यध्येयं व्याकरणम्।। दुष्टः शब्दः।।

यदधीतम्

यदधीतमविज्ञातं निगदेनैव शब्द्यते।
अनग्नाविव शुष्कैधो न तज्ज्वलति कर्हिचित्।।

तस्मादनर्थकं माधिगीष्महत्यध्येयं व्याकरणम्।। यदधीतम्।।

यस्तु प्रयुङ्क्ते —

यस्तु प्रयुङ्क्तो कुशलो विशेषे शब्दान्यथावद्व्यवहारकाले।
सोऽनन्तमाप्नोति जयं परत्र वाग्योगवित् दुष्यति चापशब्दैः।।

कः? वाग्योगविदेव। कुत एतत्? यो हि शब्दान् जानाति अपशब्दानप्यसौ जानाति। यथैव हि शब्दज्ञाने धर्मः एवमपशब्दज्ञानेऽप्यधर्मः।

अथवा भूयानधर्मः प्राप्नोति। भूयांसोऽपशब्दाः अल्पीयांसः शब्दा इति। एकैकस्य शब्दस्य बहवोऽपभ्रंशाः। तद्यथा गौरित्यस्य गावी गोणी गोता गोपोतलिकेत्येवमादयोऽपभ्रंशाः अथ योऽवाग्योगवित् अज्ञानं तस्य शरणम्। विषम उपन्यासः। नात्यन्तायाज्ञानं शरणं भवितुमर्हति। यो ह्यजानन् वै ब्राह्मणं हन्यात् सुरां वा पिबेत् सोऽपि मन्ये पतितः स्यात्। एवं तर्हि

सोऽनन्तमाप्नोति जयं परत्र वाग्योगवित् दुष्यति चापशब्दैः। कः? अवाग्योगविदेव। यो वाग्योगवित्, विज्ञानं तस्य शरणम्। क्व पुनरिदं पठितम्? भ्राजा नाम श्लोकाः।

किं च भोः श्लोका अपि प्रमाणम्? किं चातः? यदि प्रमाणम्, अयमपि प्रमाणं भवितुमर्हति—

यदुदुम्बरवर्णानां घटीनां मण्डलं महत्।
पीतं न गमयेत्सर्गं किं तत् क्रतुगतं नयेत्।। इति।

प्रमत्तगीत एष तत्रभवतः। यस्त्वप्रमत्तगीतस्तत्प्रमाणम्। यस्तु प्रयुङ्क्ते। अद्विद्वांसः—

अविद्वांसः प्रत्यभिवादे नाम्नो ये न प्लुतिं विदुः।
कामं तेषु तु विप्रोष्य स्त्रीष्विवायमहं वदेत्।।

स्त्रीवन्मा भूमेत्यध्येयं व्याकरणम्।। अविद्वासः।।

विभक्तिं कुर्वन्ति। याज्ञिकाः पठन्ति-प्रयाजाः सविभक्तिकाः कार्याः इति। न चान्तरेण व्याकरणं सयाजाः सविक्तिकाः शक्यः कर्तुम्। विभक्तिं कुर्वन्ति। यो वा इमाम्—

यो वा इमां पदशः स्वरशोऽक्षरशो वाचं विदधाति स आर्त्विजीनाः स्यामित्यध्येयं व्याकरणम्। यो वा इमाम्। चत्वारि।

चत्वारि शृङ्गा त्रयो अस्य पादा
द्वे शीर्षे सप्त हस्तासो अस्य।
त्रिधा बद्धो वृषभो रोरवीति
महो देवो मर्त्या आविवेश।। इति।

चत्वारि शृङ्गाणि पदजातानि, नामाख्यातोपसर्गनिपाताश्च। त्रयो अस्य पादाः-त्रयः कालाः भूतभविष्यद्वर्तमानाः। द्वे शीर्षे द्वौ शब्दात्मानौ नित्यः कार्यश्च। सप्तहस्तासो अस्य सप्त विभक्तयः। त्रिधा बद्धः त्रिषु स्थानेषु बद्धः उरसि कण्ठे शिरसीति। वृषभो वर्षणात्। रोरवीति शब्दं करोति। कुत एतत्? रौतिः शब्दकर्मा। महोदेवो मर्त्यां आविवेशेति। महान्देवः शब्दः, मर्त्याः-मरणधर्माणो मनुष्याः, तानाविवेश। महता देवेन नः साम्यं यथा स्यादित्यध्येयं व्याकरणम्। अपर आह—

चत्वारि वाक्परिमिता पदानि तानि विदुर्ब्राह्मणा ये मनिषिणः।
गुहा त्रीणि निहिता नेङ्गयन्ति तुरीयं वाचो मनुष्या वदन्ति।।

'चत्वारि वाक्परिमिता पदानि' चत्वारि पदजातानि नामाख्यातोपसर्गनिपाताश्च। तानि विदुर्ब्राह्मणा ये मनीषिणः।' मनस ईषिणः मनीषिणः। 'गुहा त्रीणि निहिता नेङ्गयन्ति' गुहायां त्रीणि निहितानि नेङ्गयन्ति न चेष्टन्ते न निमिषन्तीत्यर्थः। 'तुरीयं वाचो मनुष्या वदन्ति'। तुरीयं वा एतद्वाचो यन्मनुष्येषु वर्तते।

चतुर्थमित्यर्थः।। चत्वारि।। उतत्वः—

उतत्वः पश्यन्न ददर्श वाचमुत त्वः शृण्वन्न शृणोत्येनाम्।
उतो त्वस्मै तन्वं विसस्रे जायेव पत्य उशती सुवासाः।।

अपि खल्वेकः पश्यन्न पश्यति, अपि खल्वेकः शृण्वन्न शृणोत्येनामिति-अविद्वांसमाहार्धम्। उतो त्वस्मै तन्वं विसस्त्रे तनुं विवृणुते। जायेव पत्य उशती सुवासाः। तद्यथा-जायेव पत्ये कामयमाना सुवासाः स्वमात्यानं विवृणुते, एवं वाक् वाग्विदे स्वात्मानं विवृणुते। वाङ्गो विवृणुयादात्मानमित्यध्येयं व्याकरणम्। सक्तुमिव—

सक्तुमिव तितउना पुनन्तो यत्र धीरा मनसा वाचमक्रत।
अत्रा सखायः सख्यानि जानते भद्रैषां लक्ष्मीर्निहिताऽधिवाचि।।

सक्तुः सचतेर्दुर्धावो भवति, कसतेर्वा विपरीताद्विकसितो भवति। तितउ परिपवनं भवति, ततवद्वा तुन्नवद्वा। धीराः ध्यानवन्तः मनसा, प्रज्ञानेन वाचमक्रत = अकृषत।

अत्रा सखायः सख्यानि जानते अत्र सखायः सन्तः सख्यानि जानते सायुज्यानि जानते।

क्व? य एष दुर्गो मार्गः एकगम्यो वाग्विषयः।

के पुनस्ते? वैयाकरणाः।

कुत्र एतत्? भद्रैषां लक्ष्मीर्निहिताऽधिवाचि। एषां वाचि भद्रा लक्ष्मीर्निहिता भवति। लक्ष्मीर्लक्षणात् भासमानात्परिवृढा भवति। सक्तुमिव।

सारस्वतीम्- याज्ञिकाः पठन्ति- आहिताग्निरपशब्दं प्रयुज्य प्रायश्चित्तीयां सारस्वतीमिष्टिं निर्वपेत् ''इति''।।

प्रायश्चित्तीया मा भूमेत्यध्येयं व्याकरणम्।। सारस्वतीम्।।

दशम्यां पुत्रस्य-याज्ञिकाः पठन्ति-दशम्युत्तरकालं पुत्रस्य जातस्य नाम विदध्यात् घोषवदाद्यन्तरन्तस्थमवृद्धं त्रिपुरुषानूकमनरिप्रतिष्ठितम्। तद्धि प्रतिष्ठिततमं भवति।

द्व्यक्षरं चतुरक्षरं वा नाम कृतं कुर्यान्न तद्धितम् इति।।

न चान्तेरण व्याकरणं कृतस्तद्धिता वा शक्त्या विज्ञातुम्।

दशम्यां पुत्रस्य।

सुदेवो असि वरुण—

सुदेवो असि वरुण यस्य ते सप्त सिन्धवः।
अनुक्षरन्ति ककुदं सूर्म्यं सुषिरामिव।।

'सुदेवो असि वरुण' सत्यदेवोऽसि, यस्य ते सप्तसिन्धवः।

सप्तविभक्तयः 'अनुरक्षरन्ति ककुदम्' काकुदं तालु। काकुः = जिह्वा। सास्मिन्नुद्यत इति काकुदम्। 'सूर्म्यं सुषिरामिव।' तद्यथा- शोभनामूर्मिं सुषिरामग्निरन्तः प्रविश्य दहति, एवं ते सप्तसिन्धवः सप्तविभक्तयः ताल्वनुक्षरन्ति। तेनासि सत्यदेवः। सत्यदेवाः स्यामेत्यध्येयं व्याकरणम्।

किं पुनरिदं व्याकरणमेवाधिजिगांसमानेभ्यः प्रयोजनमन्वाख्यायते न पुनरन्यदपि किंचित् ओम् इत्युक्त्वा वृत्तान्तशः शम् इत्येवमादीन् शब्दान्पठन्ति।

पुराकल्प एतदासीत्-संस्कारोत्तरकालं ब्राह्मणा व्याकरणं स्माधीयते, तेभ्यस्त-

त्तस्थानकरणनादानुप्रदानज्ञेभ्यो वैदिकाः शब्दा उपदिश्यन्ते। अद्यत्वे न तथा। वेदमधीत्य त्वरितं वक्तारो भवन्ति। वेदान्नो वैदिकाः शब्दाः सिद्धाः, लोकाच्च लौकिकाः, 'अनर्थकं व्याकरणम्' इति। तेभ्य एवं विप्रतिपन्न बुद्धिभ्योऽध्येतृभ्य आचार्य इदं शास्त्रमन्वाचष्टे इमानि प्रयोजनान्यध्येयं व्याकरणम् इति।

उक्तः शब्दः। स्वरूपमप्युक्तम्। प्रयोजनान्यप्युक्तानि।

शब्दानुशासनमिदानीं कर्तव्यम्। किं शब्दोपदेशः कर्तव्यः, आहोस्विदपशब्दोपदेशः, आहोस्विदुभयोपदेश इति?

अन्यतरोपदेशेन कृतं स्यात्। तद्यथा भक्ष्यनियमेनाभक्ष्य प्रतिषेधो गम्यते। पञ्च पञ्चनखा भक्ष्याः इत्युक्ते गम्यत एतत्-अतोऽन्येऽभक्ष्या इति।

अभक्ष्यप्रतिषेधेन च भक्ष्यनियमः। तद्यथा-अभक्ष्यो ग्राम्यकुक्कुटः अभक्ष्यो ग्राम्यसूकरः इत्यक्ते गम्यत एतत्-आरण्यो भक्ष्य इति। एवमिहापि। यदि तावच्छब्दोपदेशः क्रियते, गौरित्येत-स्मिन्नुपदिष्टे गम्यत एतत्-गाव्यादयोऽपशब्दा इति। अथाप्यपशब्दोपदेशः क्रियेत, गाव्यादिषूपदिष्टेषु गम्यत एतत्- गौरित्येष शब्द इति। किं पुनर्ज्यायः?

लघुत्वाच्छब्दोपदेशः। लघीयाञ्छब्दोपदेशः। गरीयानपशब्दोपदेशः। एकैकस्य शब्दस्य बहवोऽपभ्रंशाः। तद्यथा-गौरित्यस्य शब्दस्य गावी गोणी गोता गोपोतलिका-इत्येमादयोऽपभ्रंशाः। इष्टान्वाख्यानं खल्वपि भवति।

अर्थतस्मिञ्शब्दोपदेशे सति किं शब्दानां प्रतिपर्त्तो प्रतिपदपाठः कर्तव्य-गौरश्वः पुरुषो हस्ती शकुनिर्त्मगो ब्राह्मण इत्येवमादयः शब्दाः पठितव्याः।

नेत्याह। अनभ्युपाय एष शब्दानां प्रतिपत्तौ प्रतिपदपाठः। एवं हि श्रूयते-''बृहस्पतिरिन्द्राय दिव्यं वर्षसहस्रं प्रतिपदोक्तानां शब्दानां शब्दपारायणं प्रोवाच नान्तं जगाम।'' बृहस्पतिश्च प्रवक्ता, इन्द्रश्चाध्येता, दिव्यं वर्षसहस्रमध्ययनकालः, न चान्तं जगाम।

किं पुनरद्यत्वे? यः सर्वथा चिरंजीवति-वर्षशतं जीवति।

चतुर्भि प्रकारैर्विद्योपयुक्ता। भवति-आगमकालेन, स्वाध्यायकालेन, प्रवचनकालेन, व्यवहारकालेनेति। तत्र चास्यागमकालेनैवायुः पर्युपयुक्तं स्यात्। तस्मादनभ्युपायः शब्दानां प्रतिपत्तौ प्रतिपदपाठः।

कथं तर्हीमे शब्दाः प्रतिपत्तव्याः।

किंचित्सामान्यविशेषवल्लक्षणं प्रवर्त्यम्। येनाल्पेन यत्नेन महता महतः शब्दोघान् प्रतिपद्येरन।

इति

पतंजलि मुनि-विरचित महाभाष्य

दैनिक पाठ-प्रस्तावना

'अथ' शब्द का प्रयोग अधिकार अर्थ में हो रहा है। शब्दानुशासन नामक शास्त्र का अधिकार समझना चाहिए। किन शब्दों का अधिकार?

लौकिक और वैदिक शब्दों का। उनमें लौकिक हैं– गौ, अश्व, पुरुष, हस्ती, शकुनि, मृग, ब्राह्मण।

वैदिक भी हैं– हमारे अभीष्ट के लिए देवी शान्ति करे। शान्ति के लिए देवी की अर्चना करता हूँ। तुम्हारी कामना करता हूँ, तुमसे ऊर्जा या शक्ति पाता हूँ। प्रत्यक्ष अग्नि की अर्चना करता हूँ। सुखद अश्व (गति, सुख या कान्ति) के लिए आ जाओ अग्ने।

यहाँ यह गौ कौन सा शब्द है? क्या जो गलकम्बल, पूँछ, खंदोल, खुर, सींग के अर्थ का रूप है, वह शब्द है? नहीं, वह तो द्रव्य है।

तो फिर जो श्वेत, नील, कपिल, कबूतरी (स्लेटी) रंग है वह शब्द है? नहीं, वह तो गुण है।

या फिर जो विभिन्नों में एक, विभक्तों में एक अविच्छिन्न सामान्यभूत जो है वह शब्द है। नहीं, वह तो आकृति है। तब शब्द कौन है? जिसके उच्चारण से गलकम्बल, खंदोल, सुर, सींग का (एक साथ) बोध हो वह शब्द है। अथवा लोक में पदार्थ की प्रतीति कराने वाली ध्वनि शब्द कहा जाता है। जैसे शब्द करो, शब्द मत करो, यह बालक शब्द (ध्वनि) करने वाला है– यह सब ध्वनि करते हुए को ही कहते हैं। इसलिए ध्वनि शब्द है।

फिर शब्दानुशासन के प्रयोजन (कारण या उद्देश्य) क्या हैं?

रक्षा, ऊह, आगम, लघु, असन्देह (निश्चय) प्रयोजन है। वेदों की रक्षा के लिए व्याकरण पढ़ना चाहिए। वेदों का ठीक पालन वह कर पाता है जो लोप, आगम, वर्णविकार को जानता हो।

ऊह (तर्क) भी आवश्यक है। वेद में मन्त्र सब लिंगों या सब विभक्तियों में नहीं कहे गए हैं। यज्ञ करने वाले को अर्थ के अनुसार उन्हें समझना चाहिए। जो व्याकरण नहीं जानता वह उनका सही रूपान्तर कर (विनियोग) नहीं कर सकता। इसलिए व्याकरण का अध्ययन करना चाहिए। आगम भी है ही। कहा है– ब्राह्मण को अकारण

ही धर्म, छहों, वेदांगों, वेद का अध्ययन करना चाहिए। छहों-वेदांगों में प्रमुख व्याकरण है। प्रधान पर किया गया प्रयत्न फलदायी होता है। सरल या लघु होने से व्याकरण पढ़ना चाहिए। ब्राह्मण को शब्द जरूर जानना चाहिए। व्याकरण के सिवाय शब्द जानने का और कोई सरल उपाय नहीं है। असन्देह या निश्चयार्थक ज्ञान के लिए व्याकरण पढ़ना चाहिए। याज्ञिक पढ़ते हैं– 'स्थूलपृषती' तो सन्देह है कि स्थूल और चितकबरी अथवा स्थूल या जलबूँद (पृषन्ति) जिसके हों वह। जो अव्याकरण हों वे नहीं जान पाते। यदि पूर्व पद प्रकृति पर स्वर हो तो बहुब्रीहि (समास) हो और अन्त में उदात्त हो तो तत्पुरुष होता है।

शब्दानुशासन के ये अनेक प्रयोजन हैं। वे असुर हैं। दूषित (अशुद्ध) शब्द। जो पढ़ा है। वही प्रयोग करता है। वे अविद्वान् या अज्ञ हैं। विभक्ति करते हैं। अथवा जो इसे चार अथवा सत्तू के समान सारस्वती को। दशमी को पुत्र का। हे वरुण आप उत्तम देव हैं।

वे असुर हेलय हेलय (आवाज) करते हुए पराजित हो गए। इसलिए म्लेच्छ वाले अपशब्द ब्राह्मण न बोले। यह अपशब्द म्लेच्छ है। म्लेच्छ न हो इसलिए व्याकरण पढ़ना चाहिए।

स्वर या वर्ण से दूषित दूसरा ही गलत अर्थ देने वाला शब्द होता है वह (सही) अर्थ नहीं कहता है। वह वाणी का वज्र बनकर यजमान को मार डालता है। जैसे स्वर (उच्चारण) के अपराध से 'इन्द्रशत्रु' शब्द।

दूषित शब्दों का प्रयोग न हो इसलिए व्याकरण पढ़ना चाहिए।

बिना समझे रटकर जो पाठ करते हुए बोला जाता है वह उसी तरह से कभी भी नहीं जल (स्फुरित हो) पाता है जैसे बिना आग का सूखा ईंधन। अनर्थ का न गाएँ- इसलिए व्याकरण पढ़ना चाहिए।

जो कुशल व्यक्ति विशेष व्यवहार के समय उचित शब्द का प्रयोग करता है वह परलोक में (भी) अनन्त जय पाता है। वाणी योग का ज्ञाता अपशब्दों से दूषित हो जाता है।

कौन? वाग्योग का ज्ञाता ही। यह कहाँ से? जो शब्दों को जानता है वह अपशब्दों को भी जानता है। जिस तरह शब्दज्ञान में धर्म है, उसी प्रकार अपशब्द के ज्ञान में भी अधर्म है. अथवा बहुत अधर्म पाता है। (क्योंकि) अपशब्द बहुत से हैं और शब्द तो थोड़े हैं। (क्योंकि) एक-एक शब्द के बहुत से अपभ्रंश होते हैं। जैसे एक गौ शब्द के गावी, गोणी, गोता, गोपोतलिका इत्यादि अपभ्रंश होते हैं। जो वाग्योग का ज्ञाता नहीं है, वह अज्ञान शरण में है। इससे अलग बात भी है। सर्वथा अज्ञान भी शरण या आश्रय नहीं हो सकता। जो अनजाने ही ब्राह्मण की हत्या कर दे या मदिरा पान कर ले वह भी पतित हो जाता है-ऐसा मानता हूँ।

जो वाणी का ज्ञाता ज्ञानपूर्वक शब्दों का प्रयोग करता है और अपशब्दों का नहीं करता है वह असीम अभ्युदय प्राप्त करता है। परलोक भी जीत लेता है। कौन?

अवाग्योग का ज्ञाता ही और जो वाग्योग का ज्ञाता है उसकी शरण में तो विज्ञान (विशेष ज्ञान) भी रहता है। यह कहाँ कहा गया है?

ये भ्राज श्लोक हैं। (भ्राज श्लोक कात्यायन द्वारा रचे गए।) तो क्या श्लोक भी प्रमाण (बन सकते) हैं? इसमें क्या? यदि (वह) प्रमाण है तो यह भी प्रमाण हो सकता है—

उदुम्बर (गूलर) के रंग के लोटों का जो विशाल मंडल है, उसे पीना त्याग की ओर न ले जाए तो क्या यज्ञ ले जाए? (सौत्रामणि यज्ञ में यह श्लोक सुरापान का दोष प्रकट करता है।) यह उन श्रीमान् का पागलगीत है। प्रमाण वह है जो प्रमादगीत न हो। जो प्रयोग करते हैं—

अभिवादन के उत्तर में जो प्लुति (सुदीर्घ उच्चारण) नहीं जानते वे मूर्ख हैं। प्रवास से लौटने पर उनसे उसी प्रकार मनमानी तरह से बोलें जैसे (अपढ़) नारियों से।

अपढ़ नारी के समान न हों अतः व्याकरण पढ़ें।

विभक्ति करते हैं—याज्ञिक पढ़ते हैं—यज्ञ विभक्ति सहित करने चाहिए। व्याकरण के बिना सुविभक्ति यज्ञ नहीं किए जा सकते। (इसलिए) विभक्ति करते हैं।

जो इसे पद से, स्वर से या अक्षर से वाणी को धारण करता है वह ऋत्विक् होता है। हम ऋत्विक् बनें इसलिए व्याकरण पढ़ें।

इसके चार सींग हैं, तीन पैर हैं, दो सिर हैं, सात हाथ हैं। तीन जगह से बँधा यह वृषभ चिल्ला (कर डकार) रहा है। वह महादेव (शब्द) मनुष्यों (प्राणियों) में प्रवेश कर गया।

चार सींग (चार) पद हैं—नाम, आख्यात, उपसर्ग और निपात। इसके तीन पैर तीन काल हैं—भूत, भविष्य और वर्तमान। दो सिर दो शब्दात्मा हैं—नित्य और कार्य। सात हाथ इसकी सात विभक्तियाँ हैं। तीन तरह से बँधा यह, तीन स्थानों से बँधा—हृदय में, कण्ठ में, सिर में। वृषभ बरसने से (कहलाता) है। रोरवी अर्थात् शब्द करता है। यह कहाँ से? रौति शब्द करता है।

महादेव मर्त्यों (मरण धर्मा मनुष्यों) में प्रवेश कर गया। महान् देव शब्द है। मर्त्य मरने वाले मनुष्य हैं, उनमें प्रवेश कर गया। महान् देव से हमारी समता हो जाए इसलिए व्याकरण पढ़ना चाहिए। अन्य कहते हैं—

जो मनीषी ब्राह्मण हैं वे वाणी के बराबर चार पदों (शब्दों) को जानते हैं। वे बिना चेष्टा के ही गुहा में रखे हैं। चौथी वाणी को मनुष्य बोलते हैं।

पद चार हैं—नाम, आख्यात, उपसर्ग और निपात। मन से ईष या देखने वाले मनीषी। गुहा में तीन निश्चेष्ट रखे हैं। वे पलक भी नहीं झपकाते—यह अर्थ है। मनुष्यों में जो वाणी है वह तुरीय है। मतलब चौथी है।

कोई वाणी को देखते हुए भी नहीं देखता है, दूसरा इसे सुनते हुए भी नहीं सुन पाता। वही वाणी इसके लिए अपना तन खोल देती है, अपने आपको उघाड़ (कर प्रकट) देती है जैसे सुवसना कामिनी पत्नी पति के लिए।

इसका पूर्वार्द्ध अविद्वान् (अज्ञानी या अवैयाकरण) के लिए कहा गया है कि वह वाणी को देखते हुए भी नहीं देख पाता है या सुनते हुए भी नहीं सुन पाता। किसी के लिए वह शरीर उसी तरह खोल देती है जैसे कामिनी सुवसना पत्नी अपने आप को खोल देती है। उसी प्रकार वाणी वाग्विद के लिए स्वयं को प्रकट कर देती है। अपना अंग (प्रत्यंग) प्रकट कर दे इसलिए व्याकरण पढ़ना चाहिए।

चलनी से सत्तू छानते हुए के समान धीर लोग जहाँ मन से वाणी को (अपशब्दों से) अलग कर दे। यहाँ सखा सखापन को जानता है उसकी वाणी में लक्ष्मी भद्रा (बनकर) निहित रहती है। सक्तु सचति से दुर्धाव (कठिनाई से शोधन) होता है। अथवा कसतेः का विपरीत विकसित होता है। तितउ (चलनी) में साफ होता है। तत (तार वाले बाजे) के समान विस्तृत होने से अथवा तुन्न (छेद वाली) होने से। धीर वे जो ध्यान वाले हों। मन से अर्थात् प्रज्ञान से। वाणी को अकृत अर्थात् अलग कर दे। यहाँ मित्र सख्य (निकटता) या सायुज्य जानता है।

कहाँ? यह जो दुर्गम मार्ग है वह वाणी का विषय है और ज्ञान से ही प्राप्त हो सकता है।

फिर वे कौन हैं? व्याकरण के ज्ञाता वैयाकरण।

यह कहाँ से? इनकी वाणी में भद्रा लक्ष्मी रखी रहती है। लक्ष्मी शब्द लक्षण अर्थात् भासमान से परिवृढ़ (अज्ञान दूर करने में समर्थ) होती है।

यज्ञ करने वाले पढ़ते हैं—अग्नि स्थापित करने के बाद अपशब्द का प्रयोग कर प्रायश्चित की सारस्वती (सरस्वती देवता वाली) दृष्टि भेंट करें-प्रायश्चित न करना पड़े इसलिए व्याकरण का अध्ययन करें।

यज्ञ करने वाले (याज्ञिक) पढ़ते हैं— दशमी से बाद के समय उत्पन्न पुत्र का नाम रखें। घोष वर्ण आदि में, मध्य में वृद्ध अक्षर न हों, अन्त में अन्तस्थ (यरलव), तीन पुरुष को कहता हो, शत्रु से भिन्न (अमानव) हो। वही उत्तम नाम होता है। दो अक्षर या चार अक्षर का नाम कृत करें, पर तद्धित न करें। व्याकरण के बिना कृदन्त या तद्धित जान नहीं सकते।

हे वरुण आप सुदेव हैं कि आपके पीछे सप्त सिन्धु बहते हैं। जो तालु हों, अच्छी ऊर्मियों वाली हो, सुषिर (छिद्र वाले) बाजे के समान (ध्वनि में मन्द) हो।

हे देव आप सुदेव या सत्य (ही) देव हो। आपके सप्त सिन्धु सात विभक्तियाँ हैं। काकुद अर्थात् तालु। काकु जिह्वा है। वह इसमें उठती है इसलिए काकुद होता है। जैसे शोभन ऊर्मि सुषिरा में अग्नि प्रवेश कर जलाती है उसी तरह तेरे सप्त सिन्धु अर्थात् सात विभक्तियाँ तालु से झरती हैं। इसलिए आप सत्यदेव हैं। हम सत्यदेव हों इसलिए व्याकरण पढ़ें।

फिर क्या व्याकरण पढ़ने वालों को ही प्रयोजन बताया जाता है, अन्य कुछ भी नहीं। ओम् बोलकर वृतान्त अनुसार शम् इत्यादि तक शब्द पढ़ते हैं।

पुराकल्प या पुराने जमाने में यह था—उपनयन संस्कार के बाद के समय में ब्राह्मण व्याकरण पढ़ते थे। उन्हें वे वे स्थान, आभ्यन्तर आदि प्रयत्न (करण) नाद, अनुप्रदान या नाद आदि बाह्य प्रयत्न आदि के ज्ञाताओं द्वारा वैदिक शब्दों के उपदेश दिए जाते थे। आजकल वैसा नहीं है। वेद पढ़कर एकदम वक्ता (होकर) पाठ करने वाले हो जाते हैं।

वेद से वैदिक शब्द सिद्ध नहीं होते हैं और लोक से लौकिक। इसलिए व्याकरण अनर्थक या बेमतलब है। ऐसी विपरीत बुद्धि वाले अध्येताओं को आचार्य यह व्याकरण शास्त्र पढ़ाती है और (बताता है कि) ये प्रयोजन हैं। अतः व्याकरण पढ़ना चाहिए।

शब्द कहा। स्वरूप भी कहा और प्रयोजन भी कहे। अब शब्दानुशासन (शब्दों का अनुशासन) (बताना) चाहिए। (सर्वप्रथम प्रश्न उठता है कि) क्या शब्द का उपदेश करना चाहिए अथवा अपशब्द का उपदेश करना चाहिए अथवा दोनों का उपदेश करना चाहिए। इनमें से किसी एक के उपदेश से (ही लक्ष्य पूरा) हो सकता है। जैसे भक्ष्य के नियम से अभक्ष्य का प्रतिषेध मालूम हो जाता है। जब कहा जाता है कि पाँच-पाँच नख वाले भक्ष्य हैं तो ज्ञात हो जाता है कि इनसे भिन्न (अन्य) अभक्ष्य हैं और अभक्ष्य की मनाही पर भक्ष्य का नियम (स्पष्ट) होता है। जैसे—ग्राम का कुकड़ा या मुर्गा भक्षण योग्य नहीं है, ग्राम का सुअर भक्षण योग्य नहीं है—यह कहने पर यह समझा जाता है कि अरण्य (वन) का भक्षण योग्य है।

इसी प्रकार यहाँ भी (समझना चाहिए)। यदि शब्द का उपदेश किया जाए—गौ शब्द के उपदेश करने पर बोध यह होता है कि गावी आदि अपशब्द हैं। यदि अपशब्दों का उपदेश किया जाए तो गावी आदि के उपदेश करने पर समझ में आता है कि यह तो गो शब्द है, तो इनमें से अधिक उचित या अच्छा क्या है?

लघु या छोटे होने से शब्दोपदेश (अधिक उचित) है। शब्दोपदेश बिल्कुल हल्का है। अपशब्द का उपदेश अधिक वजनी, भारी या कठिन है। एक-एक शब्द के बहुत अपभ्रंश (शब्द) होते हैं। जैसे एक गौ शब्द के गावी, गोणी, गोता, गोपोतलिका इत्यादि अपभ्रंश होते हैं। इससे वांछित (और उपयोगी) का उपदेश भी हो जाता है।

तो इसके शब्दोपदेश होने पर क्या शब्दों की प्राप्ति में प्रत्येक पद का पाठ करना चाहिए—गौ, अश्व, पुरुष, हस्ती, शकुनि, मृग, ब्राह्मण इत्यादि सभी शब्द पढ़ने चाहिए। (इस पर) कहा गया है कि नहीं। शब्द-प्राप्ति में यह प्रतिपदपाठ सम्यक् उपाय नहीं है। ऐसा सुना जाता है—इन्द्र को बृहस्पति ने एक हजार दिव्य वर्ष[1] तक शब्दों का प्रतिपद पारायण कराते रहे पर पूरा नहीं कर सके। प्रवक्ता बृहस्पति और अध्ययन करने वाला इन्द्र तथा अध्ययन की कालावधि एक सहस्र दिव्य वर्ष। फिर भी अन्त तक नहीं पहुँचे। फिर आजकल की क्या बात? जो कोई सबसे अधिक जीता है तो सौ वर्ष तक जी लेता है।

---

1. मनुष्यों के एक वर्ष का दिव्य एक दिन-रात होता है। अर्थात् मनुष्यों के 4,81,250 वर्ष तक इन्द्र को बृहस्पति ने पढ़ाया।

चार प्रकारों से विद्या उपयोगी होती है। आगम (ग्रहण) समय से, स्वाध्याय (अभ्यास) काल से, प्रवचन (अध्यापन) काल से और व्यवहार (यज्ञ कर्म) काल से। उसमें से (पहले) आगमकाल में ही (पूरी) आयु लग जाए। इसलिए शब्दों की प्रतिपत्ति में प्रतिपद पाठ ठीक उपाय नहीं है।

तो फिर इन शब्दों की प्रतिपत्ति या प्राप्ति कैसे करनी चाहिए? थोड़ा सामान्य-विशेष के समान लक्षण का प्रवर्तन करना चाहिए। जिससे थाड़े प्रयास में विशाल शब्द भण्डार प्राप्त कर लें।

निदानसूत्रम्

अथ प्रथम प्रपाठकः

अथातश्छन्दसां विचयं व्याख्यास्यामः।
त्रयश्छन्दःपादा भवन्ति।
अष्टाक्षर एकादशाक्षरो द्वादशाक्षर इति।
तन्मिश्रं दशाक्षरः।
अष्टाक्षर आपञ्चाक्षरतायाः प्रतिक्रामति।
विश्वेषां हितः इति।
आचतुरक्षरताया इत्येके।
आदशाक्षरताया अभिक्रामति।
वयं तदस्य संभृतं वसु इति।
एकादशाक्षर आनवाक्षरतायाः प्रतिक्रामति।
यदि वा दधे यदि वा न इति।
अष्टाक्षरताया इत्येके।
आपञ्चदशाक्षरताया अभिक्रामति।
सत्रा दधानमप्रतिष्कुतं श्रवाँसि भूरि इति।
द्वादशाक्षर आनवाक्षरतायाः प्रतिक्रामति।
अनूपे गोमान् गोभिरक्षाः इति।
अष्टाक्षरताया इत्येके।
आषोडशाक्षरताया अभिक्रामति विकर्षेण।
त्वं वृत्राणि हंस्यप्रतीन्येक इत्पुरु इति।
अष्टादशाक्षरताया इत्येके।
अर्चामि सत्यसवँ रत्नधामभि प्रियं मतिं कविम् इति।
अथातो वृत्तिप्रदेशः।
यत्र ह्रस्वमक्षरमुपोत्तमं पादस्य भवति सा जागती वृत्तिः।
यत्र दीर्घं सा त्रैष्टुभी।
ह्रस्वाक्षरस्योपरिष्टाद् व्यञ्जनसन्निपातेऽपि गौरवम्।

अष्टाक्षरद्वादशाक्षरौ लघुवृत्ती दशाक्षरैकादशाक्षरौ गुरुवृत्ती।
एतैः खलु छन्दांसि वर्तन्ते।
पथ्यान्येवाग्रे सप्त चतुरुत्तराणि छन्दाँसि व्याख्यामः।।1।।
चतुर्विंशत्यक्षरा गायत्री त्रिपदाऽष्टाक्षरपादा।
अथापि चतुष्पदा भवति, षडक्षरपादा।
तच्चापि पाञ्चाला उदाहरन्ति-
पेटिलालकन्ते पेटाविटकन्ते।
तत्र ककुबद्धस्तज्जग्धि परेहि।। इति।
अष्टाविंशत्यक्षरोष्णिक् त्रिपदैव पूर्वष्टाक्षरावुत्तमो द्वादशाक्षरः।
अथ यत्र मध्ये द्वादक्षाक्षरः सा ककुप्।
यत्र प्रथमः सा पुर उष्णिक्।
अथापि चत्वारः सप्ताक्षरा इत्युदाहरन्ति।
'नदं व ओदतीनाम्' इति।
द्वात्रिंशदक्षराऽनुष्टुप्, चतु ष्पदाऽष्टाक्षरपादा।
अथापि त्रिपदाभवति। मध्येऽष्टाक्षरोऽभितो द्वादशाक्षरौ।
तां पिपीलिकामध्येत्याचक्षते।
मध्ये ज्योतिरिति बह्वृचाः।
एष पादो यतो यतः परिक्रामेत् तज्ज्योतिषमेनां ब्रुवते।
पुरस्ताज्ज्योतिर्मध्ये ज्योतिरुपरिष्टाज्ज्योतिरिति।
षट्त्रिंशदक्षरा बृहती चतुष्पदैव, त्रयोऽष्टाक्षरा उपोत्तमो द्वादशाक्षरः।
तां पथ्येत्याचक्षते।
अपि च स्कन्धोग्रीवीति।
अथ यत्र प्रथमो द्वादशाक्षरः सा पुरस्ताद्बृहती।
यत्र द्वितीयः सोरोबृहती।
सैव न्यङ्कुसारिणी।
यत्रोत्तमः सोपरिष्टाद्बृहती।
अथापि चत्वारो नवाक्षरा इत्युदाहरन्ति।
उपेदमुपपर्चनम् इति।
अथापि त्रिपदा भवति द्वादशाक्षरपादा।
प्रत्नं पीयूषं पूर्व्यं यदुक्थ्यम् इति।
तां सतो बृहतीत्याचक्षते।
बार्हतमपि तृचँ सतोबृहत्य इत्येवमाचक्षते। यथा-
वयं घ त्वा सुतावन्तः इति।।2।।

निदानसूत्र

प्रथम प्रपाठक

अब हम (वैदिक) छन्दों का निर्णय (छानबीन) करते हुए उन्हें स्पष्ट करते हैं।

छन्द के तीन प्रकार के पाद होते हैं।

आठ अक्षर, ग्यारह अक्षर और बारह अक्षर के।

(अक्षर से मतलब स्वर है। व्यंजन तो स्वर के अंग हैं।)

दस अक्षर का पाद (चरण) उनका मिश्रण है।

पाँच अक्षर आदि के चरण आठ अक्षर में अन्तर्हित हैं। जैसे–विश्वेषां हितः।

कुछ आचार्य (पाँच की अपेक्षा) चार अक्षर तक मानते हैं।

आठ अक्षर का चरण दस अक्षर तक बढ़ जाता है। जैसे–वयं तदस्य संभृतं वसु इति।

ग्यारह अक्षर वाले में नौ अक्षर वाला बढ़ता है। जैसे–यदि वा दधे यदि वा न इति।

कुछ के अनुसार आठ अक्षर से ग्यारह तक बढ़ता है।

पन्द्रह अक्षर तक बढ़ता है। जैसे–सत्रा दधानमप्रतिष्कुतं श्रवांसि भूरि इति।

नौ अक्षर से बारह अक्षर तक बढ़ता है। जैसे–अनूपे गोमान् गोभिरक्षाः इति।

कुछ के अनुसार आठ अक्षर से ही बढ़ता है।

सोलह अक्षर तक विकर्ष (खींचने) से बढ़ता है। जैसे–त्वं वृत्राणि हंस्यप्रतीन्येक इत्पुरु इति।

बारह अक्षर का पाद कुछ के अनुसार अठारह अक्षर तक बढ़ता है। जैसे–अर्चामि सत्यसवं रत्नधामभि प्रियं मतिं कविम् इति।

अब वृत्ति (लघु-गुरु) का उपदेश करते हैं, विशेषतः लघु का। जिस ऋचा में ह्रस्व अक्षर का उपदेश हो वह जगती का बोध कराती है। जहाँ दीर्घ का अक्षर का बोध (अनेक अक्षरों से) हो वह त्रिष्टुभ का बोध कराती है।

ह्रस्व अक्षर के ऊपर व्यञ्जन रखने पर भी गुरु हो जाता है। आठ और बारह अक्षर लघु का और दस और ग्यारह अक्षर वाले गुरु का बोध कराते हैं।

इन लक्षणों से छन्द (विवरण) होते हैं।

विभिन्न यज्ञ पथों (के अनुरूप) सात और बाद तक के चार छन्दों की हम व्याख्या करते हैं।

।।प्रथम खण्ड पूर्ण।।

गायत्री चौबीस अक्षरों की होती है। आठ अक्षरों का एक पाद और तीन पाद होते हैं।

अन्य प्रकार से चार पाद की भी होती है। उसके पाद में छः अक्षर होते हैं। पांचाल लोग उसका भी उदाहरण देते हैं–

पेटिलालकन्ते पेटाविटकन्ते।
तत्र ककुबद्धस्तज्जाग्धृ परेहि।। इति।

अट्ठाईस अक्षर का उष्णिक् होता है। तीन ही चरण का। पहले दो पाद आठ अक्षर के और अन्तिम बारह अक्षर का। जिसके मध्य पाद में बारह अक्षर हो वह ककुप कहलाता है। जिसके प्रथम पाद में बारह अक्षर हों वह उष्णिक् है। फिर सात अक्षर के चार चरण वाले भी बताते हैं–

नदं व ओदतीनाम् इति।

बत्तीस अक्षर की अनुष्टुप् होती है। आठ-आठ अक्षरों के चार चरण होते हैं।

वह तीन चरणों की भी होती है। मध्य में आठ अक्षर, आसपास बारह अक्षर। उसे 'पिपीलिकामध्य' (अनुष्टुप) कहते हैं। (चींटी के समान जिसका मध्यभाग बैठा हुआ हो।)

अनेक ऋग्वेदी उसे मध्येज्योति भी कहते हैं।

इसका पाद (चरण) जहाँ-जहाँ फिरे उसे ज्योतिष् कहते हैं।

सामने ज्योति, मध्य में ज्योति और ऊपर ज्योति।

छत्तीस अक्षर वाली बृहती चार चरणों की ही होती है। तीन चरण आठ अक्षर के और अन्तिम बारह अक्षर का चरण। उसे पथ्या कहते हैं।

इसी पथ्या बृहती को स्कन्धोग्रीवी कहते हैं।

और जहाँ प्रथम चरण बारह अक्षर का हो वह बृहती पुरस्ताद् बृहती कहलाती है।

जहाँ द्वितीय चरण बारह अक्षर का हो तो सोरोबृहती कहलाती है।

उसे ही न्यंकुसारिणी भी कहते हैं।

जिसमें अन्तिम बारह का हो वह उपरिष्टाद्बृहती है और चारों नौ अक्षरों की होती है। उसका उदाहरण देते हैं–

उपेदमुपपर्चनम्। इति।

अन्य तीन चरणों की और बारह अक्षर के चरणों वाली भी होती है।

प्रत्नं पीयूषं पूर्व्यं यदुक्थ्यम् इति।

उसे सतोबृहती कहते हैं।

बृहत् सम्बन्धी एक स्तोत्र का साधन तीन ऋचा भी सतोबृहत्य कहलाता है। जैसे—

वयं घ त्वा सुतावन्तः इति।

।।द्वितीय खण्ड सम्पूर्ण।।

परमार्थसारम्

परं परस्याः प्रकृतेरनादि-
मेकं निविष्टं बहुधा गुहासु।
सर्वालयं सर्वचराचरस्थं
त्वामेव विष्णुं शरणं प्रपद्ये।। 1
आत्माम्बुराशौ निखिलोऽपि लोको
मग्नोऽपि नाचामति चेक्षते च।
आश्चर्यमेतन्मृगतृष्णिकाभे
भवाम्बुराशौ रमते मृषैव।। 2
गर्भगृहवाससम्भवजन्मजरामरणविप्रयोगाब्धौ।
जगदालोक्य निमग्नं प्राह गुरुं प्राञ्जलिः शिष्य।। 3
त्वं साङ्गवेदवेत्ता भेत्ता संशयगणस्य ऋतवक्ता।
संसारार्णवतरणप्रश्नं पृच्छाम्यहं भगवन्।। 4
दीर्घेऽस्मिन् संसारे संसारतः कस्य केन सम्बन्धः।
कर्म शुभाशुभफलदमनुभवति (नु) गतागतैरिह कः।। 5
कर्मगुणजालबद्धो जीवः संसरति कोशकार इव।
मोहान्धकारगहनात् तस्य कथं बन्धनान्मोक्षः।। 6
गुणपुरुषविभागज्ञे धर्माधर्मौ न बन्धकौ भवतः।
इति गदितपूर्ववाक्यैः प्रकृतिं पुरुषं च मे ब्रूहि।। 7
इत्याधारो भगवान् पृष्टः शिष्येण तं स होवाच।
विदुषामप्यतिगहनं वक्तव्यमिदं शृणु तथापि त्वम्।। 8
सत्यमिव जगदसत्यं मूलप्रकृतेरिदं कृतं येन।
तं प्रणिपत्योपेन्द्रं वक्ष्ये परमार्थसारमिदम्।। 9
अव्यक्तादण्डमभूदण्डाद् ब्रह्मा ततः प्रजासर्गः।
मायामयी प्रवृत्तिः संह्रियते इयं पुनः क्रमशः।। 10
मायामयोप्यचेता गुणकरणगणः करोति कर्माणि।
तदधिष्ठाता देही सचेतनोऽपि न करोति किञ्चिदपि।। 11

यद्वदचेतनमपि सन् निकटस्थे भ्रामके भ्रमति लोहम्।
तद्वत्करणसमूहश्चेष्टति चिदधिष्ठिते देहे।। 12

यद्वत् सवितर्युदिते करोति कर्माणि जीवलोकोऽयम्।
न च तानि करोति रविर्न कारयति तद्वदात्मापि।। 13

मनसोऽहङ्कारविमूर्च्छितस्य चैतन्यबोधितस्येह।
पुरुषाभिमानसुखदुःखभावना भवति मूढ़स्य।। 14

कर्ता भोक्ता द्रष्टास्मि कर्मणामुत्तमादीनाम्।
इति तत् स्वभावविमलोऽभिमन्यते सर्वगोऽप्यात्मा।। 15

नानाविधवर्णानां वर्णं धत्ते यथामलः स्फटिकः।
तद्वदुपाधेर्गुणभावितस्य भावं विभुर्धत्ते।। 16

गच्छति गच्छति सलिले दिनकरबिम्बं स्थिते स्थितिं याति।
अन्तःकरणे गच्छति गच्छत्यात्मापि तद्वदिह।। 17

राहुरदृश्योऽपि यथा शशिबिम्बस्थः प्रकाशते जगति।
सर्वगतोपि तथात्मा बुद्धिस्थो दृश्यतामेति।। 18

सर्वगतं निरुपममद्वैतं तच्चेतसा गम्यम्।
यद्बुद्धिगतं ब्रह्मोपलभ्यते शिष्य बोध्यं तत्।। 19

बुद्धिमनोऽहङ्कारास्तन्मात्रेन्द्रियगणाश्च भूतगणः।
संसारसर्गपरिरक्षणक्षमाः प्राकृताः हेयाः।। 20

धर्माधर्मौ सुखदुःखकल्पना स्वर्गनरकवासश्च।
उत्पत्तिनिधनवर्णाश्रमा न सन्तीह परमार्थे।। 21

मृगतृष्णायामुदकं शुक्तौ रजतं भुजङ्गमो रज्ज्वाम्।
तैमिरिकचन्द्रयुगवद् भ्रान्तं निखिलं जगद्रूपम्।। 22

यद्वद्दिनकर एको विभाति सलिलशयेषु सर्वेषु।
तद्वत् सकलोपाधिष्ववस्थितो भाति परमात्मा।। 23

खमिव घटादिष्वन्तर्बहिः स्थितं ब्रह्म सर्वपिण्डेषु।
देहेऽहमित्यनात्मनि बुद्धिः संसारबन्धाय।। 24

सर्वविकल्पनहीनः शुद्धो बुद्धोऽजरामरः शान्तः।
अमलः सकृद्विभातश्चेतन आत्मा खवद्व्यापी।। 25

रसफाणितशर्करिकागुडखण्डा विकृतयो यथैवेक्षोः।
तद्वदवस्थाभेदाः परमात्मन्येव बहुरूपाः।। 26

विज्ञानान्तर्यामिप्राणविराड्देहजातिपिण्डान्ताः।
व्यवहारास्तस्यात्मन्येतेऽवस्थाविशेषाः स्युः।। 27

रज्ज्वां नास्ति भुजङ्गः सर्पभयं भवति हेतुना केन।
तद्वद् द्वैतविकल्पभ्रान्तिरविद्या न सत्यमिदम्।। 28

एतत्तदन्धकारं यदनात्मन्यात्मता भ्रान्त्या।
न विदन्ति वासुदेवं सर्वात्मानं नरा मूढ़ाः।। 29

प्राणाद्यनन्तभेदैरात्मानं संवितत्य जालमिव।
संहरति वासुदेवः स्वविभूत्या क्रीड़मान इव।। 30

त्रिभिरेव विश्वतैजसप्राज्ञैस्तैरादिमध्यनिधनाख्यैः।
जाग्रत्स्वप्नसुषुप्तैर्भ्रमभूतैश्छादितं तुर्यम्।। 31

मोहयतीवात्मानं स्वमायया द्वैतरूपया देवः।
उपलभते स्वयमेवं गुहागतं पुरुषमात्मानम्।। 32

ज्वलनाद् धूमोद्गतिभिर्विविधाकृतिरम्बरे यथा भाति।
तद्वद् विष्णौ सृष्टिः स्वमायया द्वैतविस्तरा भाति।। 33

शान्त इव मनसि शान्ते हृष्टे हृष्ट इव मूढ़ इव मूढ़े।
व्यवहारस्थो न पुनः परमार्थत ईश्वरो भवति।। 34

जलधरधूमोद्गतिभिर्मलिनीक्रियते यथा न गगनतलम्।
तद्वत् प्रकृतिविकारैरपरामृष्टः परः पुरुषः।। 35

एकस्मिन्नपि च घटे धूमादिमलावृते शेषाः।
न भवन्ति मलोपेता यद्वज्जीवोऽपि तद्वदिह।। 36

देहेन्द्रियेषु नियताः कर्म गुणाः कुर्वते स्वभोगार्थम्।
नाहं कर्ता न ममेति जानतः कर्म नैव बध्नाति।। 37

अन्यशरीरेण कृतं कर्म भवेद् येन देहः उत्पन्नः।
तदवश्यं भोक्तव्यं भोगादेव क्षयोऽस्य निर्दिष्टः।। 38

प्राग्ज्ञानोत्पत्ति चित्तं यत्कर्म ज्ञानशिखिशिखालीढम्।
बीजमिव दहनदग्धं जन्मसमर्थं न तद् भवति।। 39

ज्ञानोत्पत्तेरूर्ध्वं क्रियमाणं कर्म यत् तदपि नाम।
न श्लिष्यति कर्तारं पुष्करपत्रं यथा वारि।। 40

वाग्देहमानसैरिह कर्मचयः क्रियत इति बुधाः प्राहु।
एकोऽपि नाहमेषां कर्ता तत्कर्मणां नास्मि।। 41

कर्मफलबीजनाशाज्जन्मविनाशो न चात्र सन्देहः।
बुद्ध्वैवमपगततमाः सवितेवाभाति भारूपः।। 42

यद्वदिषीकातूलं पवनोद्धूतं हि दश दिशो याति।
ब्रह्मणि तत्त्वज्ञानात् तथैव कर्माणि तत्त्वविदः।। 43

क्षीरादुद्धृतमाज्यं क्षिप्तं यद्वन्न पूर्ववत् तस्मिन्।
प्रकृतिगुणेभ्यस्तद्वत् पृथक्कृतश्चेतनो नात्माः।। 44

गुणमयमायागहनं निर्धूय यथा तमः सहस्रांशुः।
बाह्याभ्यन्तरचारी सैन्धवघनवद् भवेत् पुरुषः।। 45

यद्वद् देहोऽवयवा मृदेव तस्या विकारजातानि।
तद्वत् स्थावरजङ्गममद्वैतं द्वैतवद् भाति।। 46

एकस्मात् क्षेत्रज्ञाद् बह्व्यः क्षेत्रज्ञजातयो जाताः।
लोहगतादिव दहनात् समन्ततो विष्फुलिङ्गगणाः।। 47

ते गुणसङ्गमदोषाद् बद्धा इव धान्यजातयः स्वतुषैः।
जन्म लभन्ते तावद् यावन्न ज्ञानवह्निना दग्धाः।। 48

त्रिगुणा चैतन्यात्मनि सर्वगतेऽवस्थितेऽखिलाधारे।
कुरुते सृष्टिमविद्या सर्वत्र स्पृश्यते तया नात्मा।। 49

रज्ज्वां भुजङ्गहेतुः प्रभवविनाशौ यथा न स्तः।
जगदुत्पत्तिविनाशौ न च कारणमस्ति तद्वदिह।। 50

जन्मविनाशनगमनागममलसम्बन्धवर्जितो नित्यम्।
आकाश इव घटादिषु सर्वात्मा सर्वदोपेतः।। 51

कर्मशुभाशुभफलसुखदुःखैर्योगो भवत्युपाधीनाम्।
तत्संसर्गाद् बन्धस्तस्करसङ्गादतस्करवत्।। 52

देहगुणकरणगोचरसङ्गात् पुरुषस्य यावदिह भावः।
तावन्मायापाशैः संसारे बद्ध इव भाति।। 53

मातृपितृपुत्रबान्धवधनभागाविभागसम्मूढ़ः।
जन्मजरामरणमये चक्र इव भ्राम्यते जन्तुः।। 54

लोकव्यवहारकृतां य इहाविद्यामुपासते मूढाः।
ते जननमरणधर्माणोऽन्धं तम एत्य खिद्यन्ते।। 55

हिमफेनबुद्‌बुदा इव जलस्य धूमो यथा वह्नेः।
तद्वत् स्वभावभूता मायैषा कीर्तिता विष्णोः।। 56

एवं द्वैतविकल्पां भ्रमस्वरूपां विमोहिनीं मायाम्।
उत्सृज्य सकलनिष्कलमद्वैतं भावयेद् ब्रह्म।। 57

यद्वत् सलिले सलिलं क्षीरे क्षीरं समीरणे वायुः।
तद्वत् ब्रह्मणि विमले भावनया तन्मयत्वमुपयाति।। 58

इत्थं द्वैतसमूहे भावनया ब्रह्मभूयमुपयाते।
को मोहः कः शोकः सर्वं ब्रह्मावलोकयतः।। 59

विगतोपाधिः स्फटिकः स्वप्रभया भाति निर्मलो यद्वत्।
चिद्दीपः स्वप्रभया तथा विभातीह निरुपाधिः।। 60

गुणगणकरणशरीरप्राणैस्तन्मात्रजातिसुखदुःखैः।
अपरामृष्टो व्यापी चिद्रूपोऽयं सदा विमलः।। 61

द्रष्टा श्रोता घ्राता स्पर्शयिता रसयिता ग्रहीता च।
देही देहेन्द्रियधीविवर्जितः स्यान्न कर्तासौ।। 62

एको नैकत्रावस्थितोऽहमैश्वर्ययोगतो व्याप्तः।
आकाशवदखिलमिदं न कश्चिदप्यत्र सन्देहः।। 63

आत्मैवेदं सर्वं निष्कलसकलं यदैव भावयति।
मोहगहनाद्वियुक्तस्तदैव परमेश्वरीभूतः।। 64

यद्यत्सिद्धान्तागमतर्केषु प्रब्रुवन्ति रागान्धाः।
अनुमोदामस्तत्तत्तेषां सर्वात्मवादधिया।। 65

सर्वाकारो भगवानुपास्यते येन येन भावेन।
तं तं भावं भूत्वा चिन्तामणिवत्समभ्येति।। 66

नारायणमात्मानं ज्ञात्वा सर्गस्थितिप्रलयहेतुम्।
सर्वज्ञः सर्वगतः सर्वः सर्वेश्वरो भवति।। 67

आत्मज्ञस्तरति शुचं यस्माद्विद्वान् विभेति न कुतश्चित्।
मृत्योरपि मरणभयं न भवत्यन्यत् कुतस्तस्य।। 68

क्षयवृद्धिवध्यघातकबन्धनमोक्षैर्विवर्जितं नित्यम्।
परमार्थत्त्वमेतद् यदतोऽन्यत् तदनृतं सर्वम्।। 69

एवं प्रकृतिं पुरुषं विज्ञाय निरस्तकल्पनाजालः।
आत्मारामः प्रशमं समास्थितः केवलीभवति।। 70

नलकदलिवेणुवाणा नश्यन्ति तथा स्वपुष्पमासाद्य।
तद्वत्स्वभावभूताः स्वभावतां प्राप्य नश्यन्ति।। 71

भिन्नेऽज्ञानग्रन्थौ छिन्ने संशयगणे शुभे क्षीणे।
दग्धे च जन्मबीजे परमात्मानं हरिं याति।। 72

मोक्षस्य नैव किञ्चिद्धामास्ति न चापि गमनमन्यत्र।
अज्ञानमयग्रन्थेर्भेदो यस्तं विदुर्मोक्षम्।। 73

बुद्ध्वैवमसत्यमिदं विष्णोर्मायात्मकं जगद्रूपम्।
विगतद्वन्द्वोपाधिकभोगासङ्गो भवेच्छान्तः।। 74

बुद्ध्वा विभक्तां प्रकृतिं पुरुषः संसारमध्यगो भवति।
निर्मुक्तः सर्वकर्मभिरम्बुजपत्रं यथा सलिलैः।। 75

अश्नन् यद्वा तद्वा संवीतो येन केन चिच्छान्तः।
यत्र क्वचन च शायी विमुच्यते सर्वभूतात्मा।। 76

हयमेधसहस्राण्यप्यथ कुरुते ब्रह्मघातलक्षाणि।
परमार्थविन्न पुण्यैर्न च पापैः स्पृश्यते विमलः।। 77

मदकोपहर्षमत्सरविषादभयपरुषवर्ज्यवाग्बुद्धिः।
निस्तोत्रवषट्कारो जडवद्विचरेदगाधमतिः।। 78

उत्पत्तिनाशवर्जितमेवं परमार्थमुपलभ्य।
कृतकृत्यसफलजन्मा सर्वगतस्तिष्ठति यथेष्टम्।। 79

व्यापिनमभिन्नमित्थं सर्वात्मानं विधूतनानात्वम्।
निरुपमपरमानन्दं यो वेद स तन्मयो भवति।। 80

तीर्थे श्वपचगृहे वा नष्टस्मृतिरपि परित्यजन् देहम्।
ज्ञानसमकालमुक्तः कैवल्यं याति हतशोकः।। 81

पुण्याय तीर्थसेवा निरयाय श्वपचसदननिधनगतिः।
पुण्यापुण्यकलङ्कस्पर्शाभावे तु किं तेन।। 82

वृक्षाग्राच्च्युतपादो यद्वदनिच्छन्नरः क्षितौ पतति।
तद्वद् गुणपुरुषज्ञोऽनिच्छन्नपि केवलीभवति।। 83

परमार्थमार्गसाधनमारभ्याप्राप्य योगमपि नाम।
सुरलोकभोगभोगी मुदितमना मोदते सुचिरम्।। 84

विषयेषु सार्वभौमः सर्वजनैः पूज्यते यथा राजा।
भुवनेषु सर्वदेवैर्योगभ्रष्टस्तथा पूज्यः।। 85

महता कालेन महान् मानुष्यं प्राप्य योगमभ्यस्य।
प्राप्नोति दिव्यममृतं यत्तत्परमं पदं विष्णोः।। 86

वेदान्तशास्त्रमखिलं विलोक्य शेषस्तु जगदाधारः।
आर्यापञ्चाशीत्या बबन्ध परमार्थसारमिदम्।। 87

।। इति परमार्थसारं समाप्तम् ।।

परमार्थसार

आप जगत् के मूल कारण प्रकृति के भी कारण हैं। आप अनादि हैं, एक हैं। अनेक प्रकार की माया की गुफाओं में आप डेरा डाले हुए हैं। आप सबके आधार सदन हैं। आप समस्त जड़-चेतन स्थावर-जंगम में स्थित हैं। ऐसे आप विष्णु की ही शरण में आता हूँ। 1

(परम) आत्मा के महासागर में समस्त लोक मग्न है, लीन है, न कुछ अनुभव करता है और न देखता है। यह आश्चर्य है कि वह मृगतृष्णा जैसे भवसागर में मिथ्या ही रमता रहता है। 2

गर्भ के घर में निवास पाना, जन्म, वृद्धावस्था, मृत्यु, वियोग (आदि दुःख) सागर में डूबे हुए जगत् को देखकर हाथ जोड़कर शिष्य ने गुरु से कहा। 3

आप अंग (वेदांग) सहित वेद के ज्ञाता हैं, समस्त सन्देहों को नष्ट करते हैं, ऋत (निश्चित सत्य) के प्रवक्ता हैं। अतः हे भगवन् आपसे संसार-सागर को पार करने का मैं प्रश्न पूछ रहा हूँ। 4

इस अनादि संसार में चलते हुए किसका किससे सम्बन्ध है? जन्म-मृत्यु के आवागमनों के द्वारा शुभ तथा अशुभ फल देने वाले कर्म का यहाँ कौन अनुभव करता है? 5

अपने कर्म के गुण (धागे) के जाल से बँधा जीव मकड़ी के समान चलता रहता है। उसका मोह के गहन अन्धकार के बन्धन से कैसे मोक्ष होता है? 6

गुण या प्रकृति और पुरुष का भेद जानने वाले पर धर्म या अधर्म बन्धनकारी नहीं होते। इस प्रकार के कहे गए पूर्वोक्त प्रश्नों के साथ प्रकृति और पुरुष के बारे में मुझे बताएँ। 7

शिष्य के इस प्रकार पूछने पर भगवान् आधार (अनन्त शेष) उससे इस प्रकार बोले। विद्वानों के लिए भी अत्यन्त गहन (दुर्विज्ञेय) है यह बात। फिर भी तू सुन। 8

मूल प्रकृति (माया) के लिए जिसने इस असत्य जगत् को सत्य के समान कर दिया उन उपेन्द्र विष्णु को प्रणाम कर यह परमार्थसार कहता हूँ, बताता हूँ। 9

अव्यक्त (मूल प्रकृति या विष्णु) से अण्ड हुआ। अण्ड से ब्रह्मा और उनसे प्रजा (चराचर) का जन्म। इस प्रकार यह मायामयी प्रवृत्ति हुई। फिर यह क्रमशः समेट ली जाती है। 10

यह मायामय अचेतन कार्य-कारण समूह कर्म करता है। उसका आश्रय जीव चेतन होने पर भी कुछ भी नहीं करता है। 11

जैसे पास में चुम्बक रखने पर अचेतन होते हुए भी लोहा (सक्रिय होकर) घूमने लगता है। उसी प्रकार देह में चित् आते ही इन्द्रियाँ सक्रिय हो जाती हैं। 12

जैसे सूर्य के उदय होने पर यह जीवलोक काम करने लगता है। वे काम सूर्य नहीं करता। उसी प्रकार यह आत्मा भी न कर्म करता है और न करवाता है। 13

अचेतन मूढ़ मन चैतन्य से जागकर अहंकार बोध बढ़ने से पुरुष अभिमान की सुख-दुःख भावना होती है। 14

उत्तम आदि कर्मों का मैं कर्ता, भोक्ता या दर्शक हूँ—

ऐसा स्वभाव से निर्मल, सर्वत्र गामी होने पर भी आत्मा मानने लगता है। 15

जैसे स्वच्छ स्फटिक अनेक प्रकार के रंगों के रंग को धारण कर लेता है, उसी के समान विभु आत्मा भी देहादि उपाधि के गुण से प्रभाव धारण करता है। 16

सूर्य का बिम्ब चलते पानी में चलता और ठहरे में ठहर जाता है। तथैव आत्मा भी अन्तःकरण के चलने पर चलने लगता है। 17

अदृश्य होने पर भी राहु जैसे चन्द्रमा के बिम्ब में स्थित जगत् में प्रकाशित होता है या दिखाई देता है। उसी प्रकार सर्वव्यापी आत्मा बुद्धि में स्थित दृश्य हो जाता है। 18

हे शिष्य, वह अनुपम सब में है, अद्वैत है। उसे चित्त से ही पाया समझा जा सकता है। जो बुद्धि में है वह ब्रह्म बोध के योग्य है और उसी तरह से पाया जा सकता है। 19

बुद्धि, मन, अहंकार, तन्मात्रा, इन्द्रियसमूह, समस्त (पंच) भूत संसार की उत्पत्ति, रक्षा में समर्थ हैं। ये सब प्रकृति से उत्पन्न हैं। अतः त्याज्य हैं। 20

धर्म और अधर्म, सुख और दुःख की कल्पना और स्वर्ग-नरक में निवास, उत्पत्ति और निधन, वर्ण और आश्रम-ये वास्तव (परमार्थ) में यहाँ (इस आत्मा में) नहीं हैं। 21

समस्त जगत् का रूप उसी प्रकार भ्रामक है जिस प्रकार मृगतृष्णा में जल का, सीपी में चाँदी का, रस्सी में साँप का अथवा तैमिरिक (आँख के रोगी) को दो चन्द्रमा का भ्रम होता है। 22

जैसे एक सूर्य सभी जलाशयों में चमकता है। उसी प्रकार एक परमात्मा समस्त उपाधियों (कार्यकारण रूप छद्म रूपों) में अनेक के समान प्रतीत होता है। 23

समस्त देहों में ब्रह्म उसी प्रकार स्थित है जिस प्रकार घट आदि के भीतर बाहर आकाश है। अतः अनात्मदेह में अहं या मैं की बुद्धि संसार के बन्धन का हेतु या भ्रान्ति ही है। 24

समस्त विकल्पों से रहित शुद्ध, बोधयुक्त बुद्ध, अजर, अमर, शान्त, विमल, निरन्तर प्रकाशमान, चेतन आत्मा आकाश के समान व्यापक है। 25

रस, राब, शर्करा, गुड़, खाँड—ये जैसे गन्ने के ही विकार हैं। उसी प्रकार परमात्मा में ही अवस्था के भेद के बहुत से रूप होते हैं। 26

ब्रह्म, अन्तर्निरुद्ध प्राण, विराट्, देह, जन्म, पिण्ड आदि ये व्यवहार उस आत्मा में हैं और विशेष अवस्थाएँ हैं। 27

रस्सी में सर्प नहीं है तो किस कारण साँप का डर होता है? उसी प्रकार द्वैत के विकल्प (रज्जुसर्प) की भ्रान्ति का अज्ञान है। यह सत्य नहीं है। 28

यह वह अन्धकार है जो भ्रम से देह आदि अनात्मा में आत्मता को देखते हैं। वे मूढ़ लोग पूरी तरह से वासुदेव को नहीं जानते-समझते। 29

प्राण आदि अनन्त भेदों द्वारा स्वयं को जाल के समान फैलाकर अपनी विभूति से फिर समेट लेते हैं, मानो खेल (कर) रहे हों। 30

सृष्टि, स्थिति और संहार नामक जागरण, स्वप्न और सुषुप्ति का आश्रय लेकर विश्व, तैजस और प्राज्ञ इन तीन भ्रम रूपों से भगवान् का अपना धाम आच्छादित हो जाता है। 31

ईश्वर द्वैत रूपा अपनी माया से स्वयं को मोहित करता सा लगता है। फिर स्वयं ही गुफा में लीन आत्म-पुरुष (अपने आप) को, परमात्मा को पा लेता है। 32

आग जलने से जैसे उठता धुँआ आकाश में विभिन्न आकार का प्रतीत होता है। उसी प्रकार अपनी माया से सृष्टि विष्णु में द्वैत (दो) रूपों में फैलती लगती है। 33

मन के शान्त होने पर शान्त, प्रसन्न होने पर प्रसन्न, मूढ़ होने पर मूढ़ सा व्यवहार में लगता ईश्वर वास्तव में वैसा नहीं होता है। 34

बादल या धुँआ उठने से जैसे आकाश मलिन नहीं होता। उसी प्रकार सुख-दुःख-मोहात्मक प्रकृति-विकार से जीव रूप परमात्मा अछूता रहता है। 35

जैसे एक घड़ा धुएँ आदि से भर कर मलिन होने से शेष घड़े मलिन नहीं हो जाते उसी प्रकार एक जीव के अज्ञान आदि से मलिन होने पर अन्य जीव दूषित नहीं होता। 36

देह, इन्द्रिय आदि में व्याप्त गुण रूप प्रकृति अपने भोग के लिए कर्म करती है। न मैं कर्ता हूँ, न यह मेरा है—यह जानते हुए को कर्म कभी नहीं बाँधता। 37

जिस देह में उत्पन्न हुआ हो वह कर्म अन्य (जन्म के) शरीर में भी अवश्य भोगना पड़ता है। इस कर्म का क्षय भोग से ही बताया गया है। 38

ज्ञान की उत्पत्ति के पहले जो कर्म सम्पन्न कर लिया वह ज्ञान की अग्नि की लौ से चाट (कर) खाया गया पुनः जन्म लेने में समर्थ नहीं होता जैसे आग से जला बीज। 39

ज्ञान की उत्पत्ति के बाद मृत्युपर्यन्त जो कर्म किया जाने वाला है वह भी कर्ता को उसी प्रकार नहीं चिपकता जैसे कमल के पत्ते को पानी। 40

विद्वानों का कहा है कि लोग वाणी, शरीर और मन से कर्म करते हैं। एक मैं इन कर्मों का भी कर्ता नहीं हूँ। 41

कर्म-फल के बीज के नाश से जन्म का भी नाश हो जाता है, इसमें सन्देह नहीं है—यह जानकर मोहान्धकार हट जाने से ज्योतिरूप सूर्य के समान चमकता रहता है। 42

जैसे पवन से उड़ती सरकण्डे की रूईं दसों दिशाओं में जाती है, उसी प्रकार तत्त्वज्ञानी के कर्म तत्त्वज्ञान से ब्रह्म में लीन हो जाते हैं। 43

दूध से निकाला गया घी दूध में डालने से पूर्ववत् नहीं होता उसी प्रकार प्रकृति गुण के देह आदि से अलग किया गया जीव पूर्ववत् (भ्रान्त) नहीं होता। 44

जैसे सूर्य अन्धकार को समाप्त कर देता है उसी प्रकार पुरुष त्रिगुणात्मिका गहन माया को हटाकर ज्ञानसागर के मेघ के समान बाहर-भीतर व्यापक चिदेकरस हो जाता है। 45

जैसे अंग देह में ही होते हैं, जैसे मिट्टी से ही उसके विकार (घड़े, कटोरे) आदि होते हैं उसी प्रकार चल-अचल सब अद्वैत (ब्रह्म) ही है जो उससे अलग द्वैत जैसे लगते हैं। 46

एक क्षेत्रज्ञ परमात्मा से बहुत सी क्षेत्रज्ञ जातियाँ उत्पन्न हुई हैं। जैसे तपते लोहे से आसपास अनेक विस्फुलिंग या चिन्गारियाँ निकलती हैं। 47

वे गुणों के दोष से उसी प्रकार बँधे रहते हैं जैसे धान की जातियाँ अपने छिलकों से और तब तक जन्म लेते रहते हैं जब तक ज्ञान की अग्नि से जल नहीं जाते। 48

जो सर्वव्यापी, सब में अवस्थित और सबका आधार है ऐसे अपने बोधरूप-चैतन्य आत्मा में त्रिगुणात्मिका अविद्या सदा सर्वदा सृष्टि करती रहती है परन्तु उससे आत्मा अछूती रहती है। 49

जैसे रस्सी में सर्प की उत्पत्ति और विनाश नहीं होते और न उसमें साँप का कोई हाथ होता है। उसी प्रकार जगत् की उत्पत्ति और विनाश में वह (परमात्मा) कारण नहीं होता है। 50

सर्वात्मा जन्म, विनाश, आवागमन आदि अविद्या के मलों के संबंध से रहित है। फिर भी सदा सर्वत्र उसी प्रकार व्याप्त रहता है जैसे—घट आदि में आकाश। 51

उपाधियों के कर्म शुभ-अशुभ फल और सुख-दुःख के योग से होता है। उसके सम्पर्क के कारण बन्धन होता है जैसे तस्कर (चोर) का साथ होने से तस्कर न हो वह भी पकड़ा जाता है। 52

पुरुष का देह गुण इन्द्रियाँ आदि से ज्ञात विषयों के सम्पर्क से पुरुष का जब तक अस्तित्व बोध रहता है तब तक वह संसार में माया के फंदों से बँधा सा लगता है। 53

माता, पिता, पुत्र, बन्धु, धनादि के भोग के भेदों से भ्रान्त प्राणी जन्म, वृद्धावस्था और मृत्यु के चक्र में घूमता सा लगता है। 54

लौकिक व्यवहार द्वारा की गयी अविद्या की जो मूर्ख यहाँ उपासना करते हैं वे जन्म-मृत्यु विशेषता वाले गहन अन्धकार में पहुँचकर परेशान होते रहते हैं। 55

जैसे जल के हिम, फेन, बुदबुदे होते हैं या आग का धुँआ होता है उसी प्रकार संसार की हेतु यह माया विष्णु की स्वभाव रूपा कहलाती है। 56

इस प्रकार द्वैत सी लगती भ्रम रूपा विमोहित करने वाली माया को त्यागकर सकल होने पर भी निष्कल (निर्लिप्त) अद्वैत ब्रह्म की उपासना करें। 57

जैसे पानी में पानी, दूध में दूध, वायु में वायु तन्मय हो जाता है उसी प्रकार विमल ब्रह्म में भावना से तन्मय हो जाता है। 58

इस प्रकार द्वैत के समूह में भी भावना से ब्रह्ममय हो जाने पर सब ब्रह्ममय दिखता है फिर कौन सा मोह और कौन सा शौक? 59

बेदाग निर्मल स्फटिक जैसे अपनी कान्ति से चमकता है उसी प्रकार चित् का दीप उपाधि रहित होने पर यहाँ अपनी प्रभा से चमकता है। 60

गुणसमूह, इन्द्रिय, शरीर, प्राणों से शब्दादि तन्मात्रा, मनुष्यत्व आदि जन्म, सुख-दुःख आदि से अछूता सर्वव्यापक विमल यह सदा चित् रूप में रहता है। 61

दर्शक, श्रोता, सूँघने वाला, स्पर्श करने वाला, रस लेने वाला और ग्रहण करने वाला तो यह देही (आत्मा) होता है परन्तु देह, इन्द्रिय आदि की बुद्धि से रहित यह कर्ता नहीं होता। 62

फिर तो एक मैं सर्वत्र स्थित ऐश्वर्ययोग अर्थात् सर्वात्मविभूति सम्पन्न होने से व्यापक आकाश के समान अखिल यह द्वैत रूप स्थित होता है, इसमें सन्देह नहीं। 63

खण्ड-खण्ड या सकल रूप में जब भी उपासना करता है तो यह सब आत्मा ही है यह समझकर गहरे मोह से अलग होता है, तभी परमेश्वर रूप हो जाता है। 64

अपने पक्ष के अनुराग से अन्धे जो-जो सिद्धान्त, आगम, तर्क आदि में बढ़-चढ़कर अपना पक्ष रखते कहते रहते हैं। उन सबका हम सर्वात्मवाद बुद्धि से अनुमोदन करते हैं। 65

भगवान् सब आकार का होता है। उसकी जिस जिस भावना से उपासना की जाती है, उस उस भाव का चिन्तामणि के समान होकर प्राप्त होता रहता है। 66

उत्पत्ति, स्थिति और प्रलय का हेतु स्वयं को नारायण समझकर सर्वज्ञ, सर्वव्यापी, सर्वज्ञ और सर्वेश्वर हो जाता है। 67

आत्म शोक को तैर जाता है। विद्वान् उससे बिल्कुल नहीं डरता है। उसे साक्षात् मृत्यु से भी मरने से डर नहीं रहता फिर अन्य से क्या भय? 68

क्षय, वृद्धि, वध्य, घातक, बन्धन, मोक्ष से रहित नित्य यह परमार्थ तत्त्व है। इससे जो भिन्न है वह सब झूठ है। 69

इस प्रकार प्रकृति और पुरुष को जानकर समस्त कल्पना के जाल को हटाकर प्रशान्त आत्माराम (आत्मा की क्रीड़ाभूमि में रमण करता) समरूप से अवस्थित केवली होता है या कैवल्य (मोक्ष) पा लेता है। 70

अपने पुष्प पाकर नल, केल, बाँस, या बाण नष्ट हो जाते हैं उसी प्रकार देहादि अपने फलों के भाव पाकर नष्ट हो जाते हैं। 71

अज्ञान की गाँठ खुल जाने पर, संशयसमूह नष्ट हो जाने पर, शुभ के क्षीण हो जाने पर जन्म-बीज के जल जाने पर परमात्मा हरि के पास पहुँच जाता है। 72

मोक्ष का कोई घर नहीं है, न कहीं अन्यत्र जाना है। अज्ञान की गाँठ का खुलना जो है उसे ही मोक्ष समझें। 73

यह समझकर कि विष्णु का यह माया वाला जगत् रूप असत्य है, देहादि सम्बन्धी भोग या पूरी तरह से संग होकर भी वह शान्त (परमात्मा में लीन) रहता है। 74

अपने से भिन्न देहादि प्रकृति को जानकर पुरुष संसार में सांसारिक होता है। वह समस्त कर्मों से सर्वथा मुक्त उसी प्रकार रहता है जैसे कमल का पत्ता जलों से निर्लिप्त रहता है। 75

जो कुछ भी खाते हुए किसी से भी घिरा वह शान्त रहता है। परमात्मा में तल्लीन वह जहाँ कहीं भी सोता रहता है और मुक्ति का आनन्द लेता रहता है। 76

हजारों अश्वमेध करें या लाखों ब्रह्महत्या, परन्तु परमार्थ का ज्ञाता विमल न पुण्यों का स्पर्श पाता है न पापों का। 77

अभिमान, क्रोध, हर्ष, ईर्ष्या, दुःख, भय, कटुता रहित वह अवाक् परमात्मा में लीन, जो स्तुति या यज्ञ नहीं करता वह अगाध परमात्मा में लीन जड़ (मूर्ख) जैसा विचरण करता रहता है। 78

इस प्रकार उत्पत्ति और विनाश से रहित परमार्थ को पाकर जन्म को सफल कृतकृत्य (चरितार्थ) कर स्वेच्छानुसार सब दूर सब में रहता है। 79

ऐसे अनेकत्व को नष्ट कर सर्वात्मा सर्वव्यापी अनुपम परमानन्द को जो जानता है वह तन्मय हो जाता है। 80

फिर चाहे स्मृति भी नष्ट हो जाए और तीर्थ में या चाण्डाल के घर में अपनी देह त्यागे। वह शोकरहित तो ज्ञानप्राप्ति के साथ ही मुक्त हो गया, अतः कैवल्य प्राप्त कर लेता है। 81

तीर्थसेवा पुण्य के लिए होती है और चाण्डाल के घर मरने का फल पाप या नरक है—इन समस्त पाप-पुण्य के कलंक के स्पर्श का उसमें अभाव रहता है। उसे इन सबसे क्या मतलब? 82

पेड़ की छलंगी से पैर फिसलने से जैसे आदमी न चाहते हुए भी धरती पर गिर पड़ता है। उसी के समान प्रकृति और पुरुष का ज्ञाता अनचाहे भी केवली (होकर) ब्रह्म में लीन हो जाता है। 83

ब्रह्म परमार्थ के पथ के साधन आरम्भ कर उससे योग या एकता चाहे न प्राप्त करे परन्तु वह प्रसन्नतापूर्वक स्वर्ग लोक के विशेष भोगानन्द चिरकाल तक लेता रहता है। 84

जैसे अपने-अपने देशों में सार्वभौम राजा सब लोगों द्वारा पूजा जाता है उसी प्रकार यह योग (साक्षात् बोध) रहित होने से योगभ्रष्ट होकर भी समस्त लोकों में

प्रकार यह योग (साक्षात् बोध) रहित होने से योगभ्रष्ट होकर भी समस्त लोकों में समस्त देवताओं द्वारा पूजा के योग्य पूज्य होता है। 85

बहुत समय में महान् मनुष्य रूप प्राप्त करके योग (ब्रह्मोपासना) का अभ्यास करके जो दिव्य अनश्वर अमृत पाता है वही विष्णु का परम पद है। 86

सम्पूर्ण वेदान्त शास्त्र देखकर जगत् के एक आधार (कण पर जगत् उठाने से आधार) शेष ने पिच्चासी (85) आर्याओं से यह परमार्थसार बाँधा (बनाया)। 87

परमार्थसार समाप्त

परिशिष्ट

गोणिकापुत्र

(कामसूत्र से)

1. गोणिकापुत्रः पारदारिकम्।1।1।12
2. अन्यकारणवशात्परिगृहीतापि पाक्षिकी चतुर्थीति गोणिकापुत्रः1।5।4
3. सम्बन्धिसखि श्रोत्रियराजदारवर्जमिति गोणिकापुत्रः।1।5।31
4. यं कञ्चिदुज्ज्वलं पुरुषं दृष्ट्वा स्त्री कामयते। तथा पुरुषोऽपि योषितम्। अपेक्षया तु न प्रवर्तते इति गोणिकापुत्रः।5।1।8
5. नायिकाया एव तु विश्वास्यतामुपलभ्य दूतीत्वेनोपसर्पयेत्
   प्रथमसाहसायां सूक्ष्मभावायां चेति गोणिकापुत्रः।5।4।9
6. संस्तुतयोरप्यसंसृष्टाकारयोरस्तीति गोणिकपुत्रः।5।4।34
7. सखीभिक्षुकीक्षपणिकातापसीभवनेषु सुखोपाय इति गोणिकापुत्रः।5।4।43
8. ते हि भयेन चार्थेन चान्यं प्रयोजयेयुस्तस्मात्
   कामभयार्थोपधाशुद्धानिति गोणिकापुत्रः। 5।6।41

(महाभाष्य से)

1. उभयथा गोणिकापुत्र इति ।1।4।51
   गोणिकापुत्रो भाष्यकार इत्याहुः। (उद्योते नागेशभट्टः)

गोनर्दीय

(महाभाष्य से)

गोनर्दीयस्त्वाह-सत्यमेतत्। महाभाष्य 1।1।21
प्रदीपे कैयटः भाष्यकारस्त्वाह।
उद्योते नागेशभट्टः—गोनर्दीयपदं व्याचष्टे भाष्यकार इति।

(कामसूत्र से)

1. गोनर्दीयो भार्याधिकारिकम्। 1-1-12

2. उत्क्रान्त बालभावा कुलयुवतिरुपचारान्यत्वादष्टमीति गोनर्दीयः। 1।5।25
3. न ह्यतोऽन्यद्गृहस्थानां चित्तग्राहकमस्तीति गोनर्दीयः।4।1।4
4. न ह्यतोऽन्यद्प्रत्ययकारणमस्तीति गोनर्दीयः।4।1।21
5. ज्येष्ठाभयाच्च निगूढ़सम्मानार्थिनी स्यादिति गोनर्दीयः।4।2।28
6. गुणेषु सोपभोगेषु सुखसाकल्यं तस्मात्ततो विशेष इति गोनर्दीयः। 4।2।34

मल्लिनाथ ने अपनी टीकाओं में भार्याधिकारिक के रचयिता गोनर्दीय को कई बार उद्धृत किया है। यथा–

(क) हासेन मधुना नर्मवचसा लज्जितां प्रियाम्।
विलुप्तलज्जां कुर्वीत निपुणैश्च सखीजनैः।। कुमारसंभव 7।95

(ख) संधि द्विविधः सावरणः प्रकाशश्च। सावरणो
भिक्षुक्यादिना प्रकाशः स्वयमुपेत्य केनापि। रघुवंश 19।16

(ग) रतावसाने हृदि चुम्बनादि प्रयुज्य यायान्मदनोदयस्य वासः। रघुवंश 19।29

(घ) ऋतु स्नाताभिगमने मित्रकार्ये तथापदि।
त्रिष्वेतेषु प्रियतगः क्षन्तव्यः वारगम्यया।। रघुवंश 19।31

पतंजलि साहित्य

1. व्याकरण महाभाष्य (विभिन्न टीकाओं सहित) तीन खंड, मोतीलाल बनारसीदास, दिल्ली-वाराणसी-पटना, 1967
2. योगसूत्र (सटीक)–
आनन्दाश्रम मुद्रणालय, पुणे, 1904
(योगसूत्र अन्य भी अनेक स्थानों और रूपों से प्रकाशित)
3. निदानसूत्र–
मेहरचन्द लछमनदास,
2736, कूचा चैलान, हरियागंज, दिल्ली-6, 1971
4. परमार्थसार-आदिशेषकृत
अच्युत ग्रन्थमाला कार्यालय, काशी, वि.सं. 1989
5. Patanjali and his times, B. N. Puri
भारतीय विद्या भवन, मुम्बई, 1957
6. पतंजलि कालीन भारत, डॉ. प्रभुदयालु अग्निहोत्री
बिहार राष्ट्रभाषा परिषद्, पटना 1958
7. सिद्धान्त कौमुदी, लघुत्रिमुनिकल्पतरु,
खेमराज श्रीकृष्णदास, मुम्बई सं. 1957
8. पतंजलि-चरितम्-रामभद्र दीक्षित
काव्यमाला गुच्छक 11
9. पतंजलि-प्रभा-2003

10. पतंजलि प्रभा-2004
11. पतंजलि प्रभा-2004
महारानी लक्ष्मीबाई जनकल्याण समिति, भोपाल
12. युधिष्ठिर मीमांसक-संस्कृत व्याकरण का शास्त्र का इतिहास
13. डॉ. भगवतीलाल राजपुरोहित—संस्कृत भाषा और साहित्य, 2004
14. डॉ. भगवतीलाल राजपुरोहित—भारतीय कला और संस्कृति, 2003
15. डॉ. भगवतीलाल राजपुरोहित—भारतीय अभिलेख और इतिहास, 2003
तीनों शिवालिक प्रकाशन, दिल्ली-7 से प्रकाशित।

पत्र-पत्रिकाएँ

(सब में डॉ. राजपुरोहित के पतंजलि-सम्बन्धी लेख)

1. मध्यभारती-अंक 36, सितम्बर 1993
2. परिषद् पत्रिका-वर्ष 22/2, जुलाई 1982
3. शोधप्रभा-अंक 8, जनवरी-मार्च 1978
4. धर्मयुग-12 फरवरी, 1984
5. नई दुनिया (इन्दौर)-2 नवम्बर, 1980

●●●